Desaströös bis POMPÖÖS

Die Deutsche Nationalbibliothek verzeichnet diese Publikation in der Deutschen Nationalbibliografie; detaillierte bibliografische Daten sind im Internet über http://dnb.ddb.de abrufbar.

Glööckler, Harald
Desaströös bis POMPÖÖS
Autobiografie
ISBN 978-3-948696-66-5

Druck und Bindung: GGP Media GmbH, Pößneck
Lektoratsleitung: Dr. Matthias Slunitschek
Coverfoto: LOUJU Management GmbH / Anelia Janeva
Satz und Gestaltung: Molino Verlag GmbH

HARALD GLÖÖCKLER

Desaströös bis POMPÖÖS

Autobiografie

molino

Inhalt

Vorwort 7
Fabel 8
Werte 10
Meine Kindheit 14
Zufluchtsorte und Missbrauch 19
Meine Großmutter, die Diva 23
Pharaonen und eine Kaiserin 27
Die Marchesa Casati 35
In der Schule 39
POMPÖÖS 43
Showtime 48
Chaka Khan und Prince 50
Am Zarenhof 54
Gina Lollobrigida 58
Krakau 64
Jüdisches Museum Berlin 66
Mein Schloss mit Park 68
Die Entscheidung 74
Berlin 77
Revue 81
Paläste 84
»Vive la maîtresse« 85
St. Moritz so pompöös wie … 88
Hotel Ritz Carlton Berlin 92
Angel Award Christmas Gala 95
Harald Glööckler zieht um 98
Tanzende Prinzessinnen 104

Titelseite in New York 109
Tokio 111
Katharina die Große 115
Brüssel 118
Monte-Carlo 120
Hongkong 125
Düsseldorf 129
Eine Party wie im alten Rom 135
Kreativ leben 137
Internet-Boom 141
Dubai 144
Café de Paris, London 147
Bangkok 151
Kataloge 154
Der Ritterschlag 161
Opernball 164
Schönheitsideale 168
Resümee 175
Fabel 2 180

Vorwort

Als Kind wirkt für viele von uns das Leben wie ein großes, leeres Blatt, welches erst noch beschrieben werden muss. Ich sehe das Leben allerdings inzwischen anders und betrachte es als ein Blatt mit einem bereits vollständigen Text, dessen Schrift und Bedeutung wir erst dann erkennen, wenn wir reif genug sind. Das Blatt ist mit Zitronensaft beschrieben und offenbart eine Geheimschrift, wenn man es über Feuer hält.

Das Leben von uns allen ist bereits vorgeschrieben, allerdings mit verschiedenen Varianten, die noch nicht alle zu erkennen sind. Auf meinem Blatt stehen sämtliche und unterschiedliche Wege und je nachdem, wie rein das Feuer ist, kommt das eine oder andere, das Positive oder Negative zum Vorschein. Da kann das vermeintlich Negative auch das Positive sein, weil es uns eine Erfahrung machen lässt, aus der wir lernen können. Wir machen Erfahrungen, keine Fehler! Alles unterliegt einer Fügung des Schicksals und keinem Zufall. Und wenn wir oftmals denken »Das ist nicht das, was ich wollte«, kann sich daraus etwas Wunderbares ergeben. Das Schicksal kennt nicht immer den direkten Weg, sondern geht oft auch Umwege, die uns aber schließlich doch zum Ziel führen.

Harald Glööckler

Fabel

Es lebte einmal ein Prinz in einem modernen Palast hoch über den Dächern von Berlin. Jener Prinz war Tag und Nacht damit beschäftigt, alle Prinzessinnen des Landes schönzumachen. Er ließ deshalb die großartigsten Roben und schönsten Juwelen anfertigen, denn es war weithin bekannt, dass in seinem Königreich die allerschönsten Prinzessinnen leben würden.

Eines Tages beschloss der Prinz jedoch, aus der Stadt hinaus und auf das Land zu ziehen. Es war ihm nämlich zu Ohren gekommen, dass es dort ein kleines verwunschenes Schloss inmitten eines großen Parks gäbe. Das Schloss und der Park waren seit über 100 Jahren unbewohnt und riesige Dornenhecken überwucherten den Park, sodass das Schloss kaum noch zu erkennen war. Seit Langem hatte kein Mensch mehr diesen Ort betreten. Der Prinz beabsichtigte, das Schloss zu kaufen und machte sich auf den Weg.

Dort angekommen, mussten ihm seine treuen Gefolgsleute mit Mühe eine Schneise schlagen durch all die Dornenhecken und Lianen, welche den Park überwucherten. Seine Berater rieten ihm von dem Kauf ab, da auch das Schloss selbst in einem schrecklich maroden Zustand war. Er aber ließ sich nicht beirren, denn es war ihm von Anfang an klar, dass dies ein besonderer Ort war mit einer sehr guten Energie. Sein bester Freund war ein kleiner Hund namens Billy King. Billy

King war ein ganz besonderer Hund, ein Papillon. Die Papillons gelten weltweit als die schönsten Hunde. Der kleine Billy inspizierte den Park sehr genau und entdeckte Eichhörnchen, einen Marder, Bussarde, einen Kauz und allerlei anderes Getier und Vogelarten. Aber er entdeckte auch die Kobolde, Elfen und Naturgeister. Dies alles blieb auch dem Prinzen nicht verborgen. Er kaufte das Schloss und den Park und viele fleißige Handwerker und Gärtner renovierten das Anwesen und setzten seine Visionen um.

Der Park wurde barock angelegt: Überall standen opulente Skulpturen nach antikem Vorbild, es blühte und duftete verführerisch nach Rosen und Jasmin. Aber es gab auch versteckte Ecken und Nischen, an denen sich die Elfen und Schutzgeister aufhalten konnten. Das Schloss wurde eines der Schönsten im Land mit kostbaren Tapeten, dicken Teppichen, in denen man versank, brillanten Kronleuchtern und kostbarem Mobiliar. Alles war vom Prinzen selbst entworfen worden. An diesem wunderschönen Ort lebte der Prinz mit seinem kleinen Hund glücklich und zufrieden.

Auf der ganzen Welt war der Prinz bekannt, doch die Menschen wussten trotzdem sehr wenig über sein Leben. Er hatte die Welt mit Glanz und Schönheit überzogen, nun beschloss er, ihr auch noch das Kostbarste zu schenken, was er besaß: seine Geschichte.

Werte

Schreibt man ein Buch und hält somit sein Leben und seine Momente auf Papier fest, reflektiert man gleichzeitig auch jene Dinge, um die es eigentlich geht im Leben. Welches sind die Attribute, die meinen Charakter ausmachen? Was sind die Parameter, die Säulen, auf denen sich mein Leben stützt, die mich und mein Leben ausmachen? Was ist mir wichtig?

Ich schätze vor allem Treue, Loyalität, Zuverlässigkeit, Disziplin, Pflichtbewusstsein und Integrität. Dies sind die absolut wichtigsten Werte in meinem Leben. Teilweise sind sie sicherlich angeboren, aber ich glaube, ich habe sie mir zu einem anderen Teil auch selbst angeeignet. Man sollte seine Werte pflegen und immer wieder auf den Prüfstand stellen, sie nicht als selbstverständlich ansehen. Es gibt aber noch etwas anderes, durch das ich mich – wie ich denke – wesentlich von so manchem Zeitgenossen unterscheide: meine faszinierende und alles überstrahlende Fantasie. Als Kind wird man dazu erzogen, das Leben als schwer und mühsam empfinden zu müssen. Als Kind bekommt man vermittelt, dass es Gegebenheiten gibt, die so sind, wie sie sind, die man nicht ändern kann, egal, was man tut und wie sehr man sich anstrengt. Man bekommt gesagt, dass man, wenn man aus armen Verhältnissen kommt, immer arm bleiben und niemals eine Chance haben wird, ganz nach oben zu kommen.

Diese Gedanken, die verbunden sind mit einer schlimmen Resignation, waren mir schon immer fremd. Ich konnte noch nie etwas mit beschränktem und geradezu destruktivem Denken anfangen. In meiner Fantasie gibt es weder Begrenzungen noch Einschränkungen, in meinen Gedanken ist alles möglich. Das Leben ist für mich voller Wunder, die es immer wieder neu zu entdecken gilt.

Zum Glück habe ich meine rosarote Brille, die mir angeboren ist. Durch diese Brille sehe ich alles schöner und größer, als es in der Realität ist. Diese Gabe bezeichne ich auch gerne als größtes Geschenk, das ich jemals erhalten habe.

Verborgene Eigenschaften

Wir neigen gerne dazu, Wahrheit und Realität miteinander zu verwechseln, obwohl es sich hierbei um zwei absolute Gegensätze handelt. Ich sage: Die Wahrheit ist stets jenseits der Realität zu finden, denn die Realität ist nur eine Projektion und ein Trugschluss, jeden Moment bereit, jede gewünschte Form anzunehmen. Wir gestalten unsere Realität und damit unsere Zustände und unser Leben ständig neu.

Oft höre ich die Frage: »Herr Glööckler, wie sind Sie der Mensch geworden, der Sie heute sind?« Auf diese Frage kann ich keine Antwort geben, denn es ist falsch, sie so zu formulieren. Ich bin nicht der Mensch geworden, der ich heute bin, ich habe nur gewisse Dinge an mir neu entdeckt und bewusst wahrgenommen. Es ist nicht so, dass man überhaupt etwas zu seiner Person hinzufügen müsste, denn man ist perfekt so, wie man ist. Vielmehr verstehe ich das Entdecken neuer Facetten als eine Art von archäologischer Ausgrabung am eigenen Ich: Je tiefer man buddelt, desto wahrscheinlicher ist es, dass man auf etwas stößt, das man als längst verschollen glaubte und das im Verborgenen lag. Ich habe den Eindruck, dass die einen interessiert daran sind, sich selbst zu erforschen und mehr über sich zu erfahren, dass es aber auch andere gibt, die eben genau das nicht möchten.

Auf das Leben war ich schon als Kind neugierig, ich habe immer versucht, alles aufzuschnappen, was ich nur konnte. Schnell wurde mir klar, dass es gut ist, wenn man zwischen den Zeilen lesen kann und dass man auf das achten sollte, was nicht bereitwillig gesagt wird. Ich ahnte bereits früh, dass in mir nicht nur eine Persönlichkeit schlummert, sondern dass mir viele Wege offenstehen, auf denen ich meine Persönlichkeit so entfalten kann, wie ich möchte.

Es kam mir gar nicht erst in den Sinn, Gegebenheiten einfach stillschweigend hinzunehmen, die Rolle des Opferlamms war definitiv nicht die richtige für mich. Das, was ich von meinem Umfeld angeboten bekam, war nicht zufriedenstellend für mich. Ich wollte nicht ein kleines Stückchen vom großen Kuchen, ich hatte es auf die ganze Bäckerei abgesehen. Meine Träume, Fantasien und Visionen begleiteten mich die ganze Zeit und ich setzte sie einfach um.

Lernen, wie Sie Ihre Träume verwirklichen

Ich möchte Ihnen jetzt mein Leben aus meiner Perspektive aufzeichnen und Sie entführen in meine Welt des erlebten Seins. In meiner Autobiografie geht es vor allem darum, wie und wann ich zum Prince Pompöös wurde. Es geht um meine Träume und Visionen und darum, das Leben auszuschöpfen. In meinem Leben gab es viele Hochs und Tiefs und auch so manche Rückschläge. Aber ich halte mich an die Worte meiner Großmutter: »Mach es wie die Sonnenuhr, zähl die heiteren Stunden nur!« Meine Devise lautet: Immer nach vorne sehen und leben und leben lassen. Man hat mich so erzogen, dass es sich nicht gehört, Menschen zu sezieren, zu kategorisieren, auf sie hinabzuschauen. Das ist meiner Meinung nach ganz schlechter Stil. Ich muss nicht damit konform gehen, was andere machen, aber es geht mich auch nichts an und man sollte es einfach akzeptieren, dass wir alle unterschiedlich sind und das auch gut so ist. Für mich ist jeder Mensch etwas Besonderes, denn ich beurteile niemanden nach seiner Herkunft oder Hülle, sondern nach seiner Seele.

Wir sollten uns verinnerlichen, dass wir am Ende des Tages alle denselben Weg nehmen – eben den zum Friedhof. Und den nehmen wir allein. Aber bis dahin sollten wir das Leben auskosten – mit allen Möglichkeiten und Sinnen. Wir sollten stets versuchen, das Beste und auch noch das allerletzte Tröpfchen aus dem Leben herauszupressen. Ich bin der Meinung, dass das Leben die besten Geschichten schreibt. Obwohl ich dazu erzogen wurde, das Leben in seiner Mühsal und Qual anzunehmen, sage ich mir, dass das Leben die wunderbarste Reise ist, die wir machen können. Das Leben ist so, wie wir es sehen und es ist alles möglich, wenn wir unsere Kindheitsträume verwirklichen und uns ein Leben lang erhalten. Unsere Lebensreise wird dann eine Reise ins Wunderland.

Ich wünsche Ihnen nun eine gute Reise durch das spannende Leben des Prince POMPÖÖS. Schnallen Sie sich gut an, es wird mitunter sehr aufregend werden.

Meine Kindheit

Ich wurde militärisch sehr streng erzogen. Meine Kindheit war wahrhaftig nicht einfach, denn mein Vater führte ein diktatorisches, fast terroristisches Regime. Ich war ein sehr ruhiges, fügsames Kind, revolutionieren oder sich aufzulehnen war wir fremd. Außerdem war ich ständig damit beschäftigt, mir meine eigene Welt zu erschaffen.

Um es frank und frei zu sagen: Ich habe mich irgendwann komplett ausgeklinkt und begonnen, mein eigenes Ding zu machen. Meine Eltern hatten ein Gasthaus mit großen Gesellschaften.

Schon sehr früh wurde ich dazu angehalten, zu jedem höflich und nett zu sein und meine Honneurs zu machen. Egal, ob es die Gäste waren oder das Personal – ich hatte allen gegenüber immer respektvoll aufzutreten. Obwohl wir auf dem Land lebten, hatten wir aufgrund der guten Küche ein sehr exquisites Publikum und ich lernte die interessantesten Menschen kennen.

Die Ehe meiner Eltern war zerrüttet, mein Vater war jähzornig, aggressiv und brutal. Er war eine wandelnde Zeitbombe. Seine Gewalttätigkeit ging so weit, dass meine Mutter eines Tages, als sie wieder einmal nach einer solchen Attacke ärztlich versorgt werden musste, nicht mehr aus dem Krankenhaus nach Hause kam. Meine ganze Kindheit und Jugend erlebte ich in kriegsähnlichen Zuständen. Schon früh lernte ich, wann die Zeichen schlecht standen und ich wachsam und auf der Hut sein musste.

Tiere, der Schlüssel zum Glück

Es gab aber auch sehr viele schöne Momente, an die ich mich stets gerne zurückerinnere. Ich hatte das große Glück, dass ich meine Kindheit auf dem Land unter sehr vielen verschiedenen Tieren verbringen konnte.

Da war zum Beispiel unsere Rottweiler-Hündin Bella vom Bühlertal. Sie war eine liebe und wunderschöne Hündin, die mich abgöttisch liebte. Ich weiß noch, wie es war, als sie acht Welpen bekam – acht kleine Bellas. Sie waren unglaublich süß und klein, einfach zum Knuddeln. Zeitglich hatten aber auch die Stummenten ihren Nachwuchs bekommen – die Entenmutter war schwarzweiß gefiedert und die kleinen Entlein sonnengelb. Wenn Bella in ihre Nähe kam, griff die Entenmutter todesmutig an.

Wir hatten aber auch Falken, Bussarde, ein Pony, Zwerghühner – fast einen ganzen Zoo. Es war eine heile Welt und wirkte wie aus einem Märchen. Wundervoll war für mich der riesige Birnbaum des Hufschmieds, der seine Schmiede direkt gegenüber unserem Haus neben der Kirche hatte. Die Äste des Baumes bogen sich unter der Last der Birnen. Hunderte, ich glaube Tausende kleiner wohlschmeckender Birnen trugen seine Äste.

Der Geschmack war einfach unvergleichlich. Sie waren sehr klein und hatten eine unglaublich zarte Schale. Und wenn man dann hineinbiss, dann explodierte sogleich ein Genussfeuerwerk. Seither habe ich keine so guten Birnen mehr gegessen – alle, die ich heutzutage kaufe, sind nur ein schlechter Abklatsch der Birnen von damals. Damals war der ganze Boden übersät mit unzähligen kleinen Birnen und es schwirrten unendlich viele Bienen und Wespen um diesen reich gedeckten Tisch. Ich freute mich, dass auch den Insekten dieser Ort gegeben war und betete zu Gott, dass der Baum niemals gefällt würde. Er wurde es tatsächlich nicht.

Wir waren oft beim Schmied in der Nachbarschaft. Er war ein gütiger Mann, der uns Kinder gerne empfing. Nicht selten brachte seine Frau uns eine Tasche, damit wir so viel wie möglich von diesen wunderbaren, wohlschmeckenden Birnen mitnehmen konnten. Das war selbstverständlich. Wenn man etwas hatte bei uns auf dem Land, dann teilte man, ob das nun Birnen waren oder Blumen.

Besonders interessant war es für uns, wenn Pferde zum Schmied gebracht wurden, um neue Hufeisen zu bekommen. Die Pferde standen wiehernd und schnaubend, mit den Hufen scharrend vor der Schmiede, während der Schmied drinnen das Eisen in der heißen Glut des Ofens erhitzte, dass die Funken nur so flogen. Ich betrachtete das Schauspiel immer wieder. Fasziniert sah ich doch in den Funken unzählige Derwische tanzen. Die glühenden Eisen wurden mit einer Zange gebogen, indem er mit dem Hammer auf das Metall schlug, bis es die Form eines Hufes hatte – wie ein maßgeschneiderter Schuh für Pferde. Dann wurden die Hufe ausgeputzt. Mit einem Haken wurden Erde, Dreck und Heureste herausgeschabt.

Als der Schmied dann ansetzte und das rot schimmernde, heiße Eisen an die Hufe des Pferdes legte, hatte ich immer entsetzliche Angst, er könne damit das Pferd verletzen. Doch meine Sorge war unbegründet. Es rauchte zwar wie verrückt und auch das Hämmern war nicht zu überhören, doch den Pferden ging es gut, das versicherte uns der gute Schmied. Die Pferde waren allesamt wohlgenährt, wurden gehegt und gepflegt. Am Schluss wurden die Hufe schwarz eingeschmiert – das Pferd sah fantastisch aus. Noch heute habe ich den Geruch des verbrannten Horns in der Nase, wenn ich daran denke. Es roch sehr gut.

Rosen, Rosen und noch mehr Rosen

Direkt neben meinem Elternhaus befand sich die Dorfkirche. Ich erinnere mich auch daran, dass ich mir als Kind wünschte, die Kirche wäre pompööser. Während des Kindergottesdienstes träumte ich so manches Mal vor mich hin und stellte mir vor, wie sie aussehen könnte, wenn die Fenster und Decken reich bemalt wären, die Wände mit Putten verziert und Kronleuchter von den Decken hängen würden.

Die Mesnerin war eine Frau um die fünfzig und sie versah ihren Dienst bereits sehr lange und mit großer Gewissenhaftigkeit. Alles war immer blitzsauber. Man hätte sogar von dem grauen Steinboden essen können. Sie beobachtete uns Kinder immer argwöhnisch. Wir schienen ihr immer eine latente Gefahr zu sein. Sie dachte wohl, Kinder machen nur Schmutz. Ihre Blumenarrangements waren allerdings eine Sensation. Unsere Kirche war immer so geschmückt, als stünde eine königliche Hochzeit an. Riesige Blumensträuße schmückten den Altar. Je nach Jahreszeit wechselten die Blumen, mal waren es Tulpen, mal Gladiolen.

Die Kirche war umgeben von einer hohen alten Mauer. Diese war bereits in die Jahre gekommen, der Zahn der Zeit nagte unerbittlich an ihr. Sie wirkte zwar morbide, aber dennoch sehr romantisch, nicht zuletzt durch die riesigen Buschrosen in seidigem Karmesinrot und zartem Rosa. Sie dufteten so fruchtig, man konnte sie schon von Weitem riechen und sehen. Die Rosen überwucherten die ganze Mauer und bedeckten sie wie ein farbenfrohes Abendkleid bis zum Boden. Es waren kleine, feine Wildrosen und wirklich eine sehr alte Sorte, wie mir die Pfarrersfrau erklärte. Ich liebte diese Rosen sehr. Genauso stellte ich mir jene Rosen im Märchen von Dornröschen vor. Es waren Prinzessinnenrosen. Doch eines Tages passierte dann das Unglaubliche, womit ich nie gerechnet hätte. Ich war total entsetzt. Es rückten Bagger an und rissen die Mauer ab und mit ihr meine geliebten Rosen. Sie töteten sie einfach.

Völlig teilnahmslos, ja herzlos, so erschien es mir damals, rissen sie diese zarten, empfindlichen Rosen ab. Ich bin mir sicher, die Rosen hätten sich gerne gewehrt, aber ihre einzige Waffe waren ihre Dornen. Diese waren jedoch sehr klein. Was konnten sie also schon gegen einen so grausamen Feind und Zerstörer wie einen Bagger bewirken. Dann errichtete man statt der alten eine neue Mauer. Sie war mit unterschiedlich gehauenen Sandsteinen gebaut. Aber der Zauber fehlte. Sie war eben neu und gleichmäßig. Sie hatte keine Seele. Neben den seltenen Rosen verschwanden auch die unzähligen Schmetterlinge und Bienen, denn auch diese wurden mit der Zerstörung der Rosen ihres Lebensraumes beraubt. Das war schrecklich. Alle ergötzten sich an der neuen Mauer, ich aber hätte weinen können.

Zufluchtsorte und Missbrauch

Mein Geburtsort Zaisersweiher befindet sich ungefähr 4 km entfernt von der Stadt Maulbronn. Maulbronn ist wiederum bekannt durch seine äußerst imposante Klosteranlage, welche im zwölften Jahrhundert erbaut wurde. Das Kloster Maulbronn ist UNESCO Weltkulturerbe und gilt als die wohl am besten erhaltene Klosteranlage nördlich der Alpen.

Maulbronn und Zaisersweiher liegen auf dem Land, und wenn man dort groß wird, ist es völlig normal, dass man auch weitere Strecken zu Fuß zurücklegt. Meine Eltern hatten ein Grundstück, ungefähr in der Mitte zwischen Zaisersweiher und Maulbronn. Dort verbrachte ich viel Zeit inmitten von Obstbäumen. Ich ergriff jede auch nur denkbare Möglichkeit, um von meinem schrecklichen Elternhaus wegzukommen. Draußen auf unserem Grundstück in freier Natur fand ich meine Ruhe und konnte meinen Träumen nachhängen. Neben dem Grundstück befand sich ein kleines Steinhaus, das ich auch gerne Hexenhaus nannte. Man konnte kaum aufrecht stehen darin, aber es entfachte meine Fantasie. Mit diesem Haus verband mit allerdings auch eine unschöne Begebenheit, die ich jedoch sehr lange verdrängt habe. Ehrlich gesagt kann ich bis heute nicht verstehen, weshalb mir dieses Ereignis erst mit 35 wieder ins Gedächtnis kam. Es war ein Sonntag, ich war gerade sechs Jahre alt und meine Eltern hatten mich mal wieder einem Bekannten mitgegeben, der mich mit in den Märchenpark nahm. Das war nichts Ungewöhnliches für mich, da meine Eltern viele Freunde und Angestellte hatten, mit denen ich öfters mitging. Für mich war es klar, dass es seine Richtigkeit haben musste, wenn meine Eltern mich einer fremden Person mitgaben. Zuerst war auch alles in Ordnung.

Wir genossen den Tag im Märchenpark, aber auf dem Heimweg bog der vermeintlich nette Onkel plötzlich mit seinem Auto auf den Feldweg ein, der zu unserem Grundstück führte. Ich wunderte mich zwar, dachte mir aber: »Naja, vielleicht haben meine Eltern ihm gesagt, dass wir noch etwas Obst holen sollen.« Dem war aber nicht so. Plötzlich hielt er an, machte seinen Hosenstall auf, nahm meine Hand und führte sie an sein Glied. Ich war völlig schockiert und wie gelähmt. Ich wusste nicht, was da passierte, ich hatte schreckliche Angst. In dem Moment kam uns ein Traktor entgegen, was wahrscheinlich meine Rettung war.

Er schloss schnell seine Hose und startete den Motor. Wir fuhren nach Hause. Ich habe meinen Eltern nie von diesem Vorfall erzählt, weil ich ihnen nicht davon hätte erzählen können. Es war mir einfach viel zu peinlich. Und zudem fehlte mir schlichtweg das notwendige Vertrauen und die Bindung zu meinem Vater, um ihm so etwas mitteilen zu können. Meine Mutter wollte ich damit nicht auch noch belasten. Außerdem befürchtete ich, dass mein Erlebnis ein noch größeres Ungemach nach sich ziehen konnte und meine Mutter am Ende dann wieder die Leidtragende sein würde. Deshalb hüllte ich mich in Schweigen, verdrängte das Erlebte und vergaß es irgendwann vollständig. Es fiel mir erst wieder ein, als ich Jahrzehnte später Fotos sortierte und mir ein Foto von diesem Mann in die Hände fiel.

Heute haben es sich zum Glück diverse Organisationen zur Aufgabe gemacht, dass alle Kinder eine Anlaufstelle haben, wenn sie Probleme haben oder Opfer sexualisierter Gewalt werden. Kein Kind darf alleine gelassen werden mit schrecklichen Erfahrungen und Nöten, sonst empfindet es das Leid in doppelter Härte.

Kloster Maulbronn

Die Fähigkeit zur Verdrängung war letztendlich auch der entscheidende Auslöser dafür, dass mir mein Lieblingsort nicht genommen wurde. An so manchem Tag lief ich auch noch die zwei Kilometer weiter nach Maulbronn und ging in die Klosteranlage. Das Kloster war für mich ein wahrer Palast, diese faszinierende Architektur, die Eleganz und Großartigkeit der Gotik belebte meinen Geist. Grundsätzlich lag mir zwar schon immer mehr das Barock – diese überschwängliche Opulenz und Darstellung monumentaler Macht und Pracht – jedoch glaube ich, dass das Kloster Maulbronn mich dennoch sehr in meiner Entwicklung geprägt hat: Es wartet mit einer Bauweise auf, die faszinierende, filigrane und nach oben strebende Elemente beinhaltet, welche die gesamte Eleganz der Gotik verströmen. Andererseits kann man ebenso die monumentale, sehr spartanische, aber trotzdem edle Bauweise der Romanik bewundern.

Schon sehr früh entwickelte ich das Bewusstsein dafür, dass Opulentes und sehr Schlichtes sehr gut zusammenpassen, wenn man das Niveau nur hoch genug ansetzt. Überschwängliche Schönheit und einfache Formen: Was sich mir damals eingeprägt hat, setzte ich später in Designs um. Das Brunnenhaus war damals einer meiner liebsten Orte. Die drei Schalen, aus denen Wasser fließt, haben etwas Beruhigendes.

Alles ist in Bewegung und in ständiger Verwandlung, doch dennoch strahlt der Brunnen große Ruhe aus.

Man erzählt sich die Legende, dass der Ort Maulbronn und der Brunnen auf einen Esel zurückgehen. Ein Ritter hatte ihm einen Geldsack aufgeladen und ihn losgeschickt. Dort, wo er stehenbleiben würde, wollte der Ritter ein Kloster bauen. Er lief los und brachte mit seinen Hufschlägen eine Quelle hervor. An diesem Ort entstand dann das Kloster.

Maulbronn war für mich wie geschaffen, mit Mythen umwoben und von großer Kunst. Hier fand der Alchemist Doktor Faustus beim Versuch, Gold herzustellen, den Tod. Und in der Legende vom Mönch Jakob habe ich später die ganze Doppelmoral der Schwaben wiederentdeckt. Dieser hatte während der Fastenzeit ein Stück Fleisch gefunden und wollte es nicht verderben lassen, also mischte er es dem Gemüse bei und versteckte es in Teig. Später nannte man das dann Maultasche. Typisch Schwäbisch: Das Beste wollen, aber nur nicht zeigen, was man hat! So war ich nie. Wenn ich etwas wollte, dann stand ich dazu – und tue es bis heute.

Meine Großmutter, die Diva

Als ich noch ein kleiner Junge war, verbrachte ich hin und wieder meine Ferien bei meiner Großmutter. Sie war eine absolut außergewöhnliche, charismatische Frau mit einer imposanten Erscheinung, dabei gebildet und durchweg modern in Ihren Ansichten.

Heute würde man sie als Feministin bezeichnen, damals in der durch und durch patriarchalisch organisierten Gesellschaft meiner Kindheit war dieser Begriff aber nicht geläufig. Diese mutige Dame setzte sich über alle gesellschaftlichen, politischen, juristischen und auf das Arbeitsleben bezogenen Einschränkungen der Rechte der Frauen weitestgehend hinweg und lebte, wie es ihr gefiel.

Sie übte einige Zeit einen typischen Männerberuf als Akkordarbeiterin in einer Firma aus, in welcher sie als einzige Frau arbeitete. Wenn es zu Hause etwas zu reparieren gab, benötigte meine Großmutter keinesfalls einen Mann dafür, das erledigte sie selbst.

Optisch verkörperte Sie nie das damals typische Bild der Großmütter. Statt einem Haarknoten auf dem Kopf trug sie eine Kurzhaarfrisur und wirkte auf mich wie ein jugendlicher Punk. Und statt wie damals für Witwen üblich zurückhaltend in schwarz zu gehen, liebte sie alles Bunte, trug stets Make-up und elegante hohe Schuhe. Sie verfügte bis ins hohe Alter über etwas, das heute leider sehr vielen Menschen fehlt: über Haltung. Sie entstammte einer Offiziersfamilie und entsprechend diszipliniert und militärisch war sie erzogen worden.

Diese strenge Erziehung hatte sie auch an meine Mutter weitergegeben und diese wiederum an mich. Unser Motto lautete: »Was gemacht werden muss, muss gemacht werden.« Wir diskutieren nicht und lamentieren nicht. Wir führen unsere Befehle ohne Murren aus und bewahren stets Disziplin und Haltung.

Meine Großmutter war aber auch eine echte Diva. Und dafür liebte ich sie. Sie hat mein Bild über Frauen und deren Recht auf ein selbstbestimmtes Leben in einem unvorstellbaren Maß geprägt. Während meine Mutter ihr ganzes Leben in einer Opferrolle verbrachte, lebte meine Großmutter selbstbestimmt und frei. Sie siegte, ohne zu kämpfen.

Anastasia Romanowa am Zarenhof

Einmal entdeckte ich bei ihr ein interessantes Buch über die vermeintliche Zarentochter Anastasia. Eine weitläufige Verwandte meiner Großmutter hatte es ihr geschenkt und es war sogar handsigniert. Diese Anastasia oder Anna Anderson lebte zeitweilig im Schwarzwald ganz in der Nähe der Verwandten meiner Großmutter. Ich verschlang das Buch regelrecht. In meinen Gedanken lebte ich schon selbst als kaiserlicher Prinz in Russland zwischen Gold, Silber und Juwelen.

Die Zaren trugen kostbare, funkelnde, mit Diamanten besetzte Kronen und prachtvoll glitzernde Juwelen. Besonders extravagant sind die Ostereier, die der Goldschmied und Hoflieferant Carl Peter Fabergé für den russischen Zarenhof anfertigte. Sie funkeln und blitzen nicht nur, sie beinhalten zum Großteil auch faszinierende und kostbare Überraschungen, wenn man sie aufklappt. Den Betrachter versetzen sie somit in ein unglaubliches Staunen. Ein Fabergé-Ei ist ein Statussymbol und war ein extravagantes Geschenk.

Unser persönlicher Fabergé

Mich beeindruckte schon immer alles Strahlende und Glitzernde in Silber und Gold, auch im Hause meiner Großmutter, denn mein Großvater war Gold- und Silberschmied. Als er starb, war ich gerade vier Jahre alt. Ich habe deshalb nur vage Erinnerungen an ihn. Meine Großmutter aber erzählte mir viel von ihm. Es war eine Liebesheirat gewesen und die Familie meiner Großmutter hatte sich von ihr losgesagt, denn er hatte nicht ihren Vorstellungen entsprochen. Meine Großmutter erzählte mir, er sei ein gütiger Mann gewesen, der schöne Dinge liebte und sehr geschickt mit seinen Händen war. Er hatte vor dem Krieg als Goldschmied gearbeitet. Fast alles in Großmutters Haus, das aus Gold und Silber war, hatte mein Großvater selbst hergestellt. Überall im Haus fand man seine Kunstwerke wie Schalen, Türbeschläge oder Schmuck. Eine Schmuckschatulle bekam meine besondere Aufmerksamkeit, doch leider ertönte immer eine Spieluhr, wenn ich diese öffnete. Man hörte also sofort, wenn ich mal wieder ungefragt hineinschaute. Doch meine Großmutter schien das nicht zu stören, sie erfreute sich eher daran, dass ich solch ein Interesse an Großvaters Werk hatte.

Es gab Colliers mit riesigen polierten Halbedelsteinen, fantastische Ohrringe und herrliche Fingerringe. Einen Ring mit einem besonders schönen, dunkel glänzenden Stein hatte mir Großmutter sogar eines Tages geschenkt. Meine Finger waren allerdings viel zu klein für den großen Ring. Aus Angst davor, ihn zu verlieren, legte ich ihn auf meinen

Nachttisch neben das Bett und betrachtete ihn jeden Tag. Er bedeutete mir sehr viel.

Aussehen wie Tutanchamun

Meine Kindheit war oftmals so sehr erschreckend, dass ich mir deshalb wünschte, nicht mehr in dieser Familie leben zu müssen, es war mitunter kaum zu ertragen. So begann ich, mir eine Geschichte zusammen zu spinnen. Wenn diese Anastasia eine verirrte Zarentochter war, konnte es da nicht auch sein, dass ich in Wirklichkeit ein Prinz bin, der versehentlich bei der Geburt vertauscht worden war und nun bei der falschen Familie lebte? Im Krankenhaus konnte es doch sicherlich leicht zu solch einem Irrtum kommen.

Die Idee begann mir zu gefallen und ich beschloss, ein Prinz zu werden. Vielleicht ein Maharadscha oder ein Pharao. Tutanchamun hatte es mir schon im zarten Alter von sechs Jahren angetan. Ich mochte die großen Lippen seiner prunkvollen Totenmaske und diese wundervollen, hoch angesetzten Augenbrauen. Immer wieder stellte ich mich vor den Spiegel und stellte mir vor, wie ich wohl mit diesen Lippen und diesen Augen aussehen würde. Schon damals wusste ich: Einst möchte ich auch Augenbrauen und Lippen haben, die so schön wie die von Tutanchamun sind.

Pharaonen und eine Kaiserin

Lange bevor man überhaupt in Erwägung zog, eine Doku in Deutschland mit mir zu realisieren, lief mein Leben bereits als eine solche in Großbritannien. Während eines Drehs zu eben dieser Dokumentation »Harald Glööckler Prince of Fashion« für ITV London hatte ich dann einen Termin bei dem wohl berühmtesten Medium Großbritanniens. Dieses Medium war eine Dame, die mit mir eine Rückführung in mein vergangenes Leben machte. Hierfür saß ich in einem abgedunkelten Raum meiner Hotelsuite. Das Medium sprach dann sanft auf mich ein, während ich langsam in Trance fiel. Ich war ein Pharao, lag in meiner Pyramide und wurde einbalsamiert. Ich war tot.

Im alten Ägypten glaubten die Menschen an ein Leben nach dem Tod, daher war der Akt der Mumifizierung eines Pharaos sehr lang und sehr aufwendig. Mein Leichnam kam fünfzig Tage lang in einen Berg trockenen Natrons, um dem Körper die Flüssigkeit vollends zu entziehen. Ich wurde anschließend mit langen Leinenbinden umwickelt. Mein Kopf wurde mit verdünntem Gips übergossen und die Gesichtszüge nachgeformt. Daraufhin schob man prachtvolle Amulette und Schmuckstücke aus Gold und Edelsteinen zwischen die Schichten von Binden, damit ich auch im Jenseits genauso prunkvoll und luxuriös leben konnte, wie ich es auf Erden getan hatte. Als letztes öffnete der Priester meinen Mund, damit ich auch in meinem jenseitigen Leben sprechen, trinken und essen konnte. Durch diese Mundöffnung sollten aber auch wieder die Lebensgeister in mich gelangen können. So legte man mir noch Nahrungsmittel, aber auch Spiele zur Unterhaltung mit ins Grab.

Die Szenerie veränderte sich plötzlich. Ich lief durch einen dunklen, kühlen Raum. Plötzlich sprangen die Fensterläden auf und ein glitzerndes Licht erstrahlte und erhellte den steinernen Boden. Eine erdrückende Hitze stieg auf. Ich blickte nach draußen und sah eine große Ansammlung von Menschen und mitten darin mich selbst, auf einem goldenen Thron sitzend, der von mehreren Männern mit nackten braunen, eingeölten Oberkörpern durch die jubelnde Menschenmasse getragen wurde. Der Himmel strahlte in einem hellen Blau.

Ich saß aber nicht allein auf dem Thron. Neben mir war meine Frau. Uns wurde von mehreren Dienern mit Marabufedern frische Luft zugefächelt. Unsere Augen waren rabenschwarz geschminkt, ich trug schweren goldenen Schmuck und eine goldene Krone. Man brachte uns an den Nil, wo eine mit Gold besetzte Barke mit einem Thron auf uns wartete. Der Thron war von einem Vorhang umgeben, der im Wind wehte. Es war warm.

Im Alten Ägypten

Die Sonne ging am Horizont unter und ließ den Nil glitzern und funkeln. Ich verspürte eine unsägliche Liebe zu all den Menschen mit der bronzefarbenen Haut und den schwarzen Haaren. Es fühlte sich an, als wären sie meine Kinder und ich der Vater. Doch bevor ich die Barke erreichte, war ich wieder zurück in der Pyramide und spürte die Einbalsamierung. Ich hatte das starke Gefühl, dass dies hier die Vergangenheit war und ich einem neuen Leben entgegenschritt.

Ich war einigermaßen verwirrt über dieses Erlebnis und wusste nicht, was ich davon halten sollte. Tatsache ist, dass dieser Pharao mich schon mein ganzes Leben lang immer wieder fasziniert und begleitet.

Ob Zufall oder nicht, es kommt immer wieder vor, dass ich just in zu dem Zeitpunkt in einer Stadt auftauche, wenn dort gerade eine Ausstellung der unfassbar kostbaren Grabbeigaben und Artefakte des Tutenchamun stattfindet. Wie auch immer – die Geschichte der Pharaonen inspiriert mich sehr. Ich werde immer wieder von Menschen gefragt, ob ich denn an ein Leben nach dem Tod glaube. Mich verwundert diese Frage ehrlich gesagt immer wieder, denn der Großteil dieser Personen sollte sich besser erst einmal um ihr Leben vor dem Tod kümmern. Über das andere kann man sich dann Gedanken machen, wenn es so weit ist.

Kaiserin Farah Pahlavi

Schon als Kind war ich von allem Kaiserlichen und Königlichen fasziniert. Schon im zarten Alter beschloss ich, alle Frauen zu Prinzessinnen zu machen. Dennoch war es für mich sehr erstaunlich, dass so viele Prinzessinnen aus königlichen und kaiserlichen Häusern immer wieder meinen Weg kreuzten, meine Arbeit schätzten und meine Mode tragen wollten. 1979 musste die kaiserliche Familie des Schahs Persien verlassen. Ich verschlang die Fotos der Kaiserin Farah Pahlavi in ihrem Krönungsornat mit der Krone, denn das war genau nach meinem Geschmack.

Das Jahr 1979 sollte schließlich auch für mich ein schreckliches Jahr werden, da ich in diesem Jahr meine Mutter verlor, die unter schrecklichen Umständen zu Tode kam. Damit war meine Kindheit endgültig erledigt.

Ich glaube, dass mich deshalb auch die Geschehnisse um die Kaiserin Farah Pahlavi so sehr beschäftigt haben. Niemals hätte ich jedoch gedacht, dass ich diese wundervolle starke und großartige Frau einmal kennenlernen würde. Doch genauso sollte es kommen.

Einmal äußerte ich mich sehr wohlwollend über die Kaiserin, was ihr wohl zugetragen wurde. Jedenfalls flatterte eines Tages eine Einladung ins Haus: Die Kaiserin würde sich sehr freuen, mich in Kairo zu empfangen. Eigentlich hätte ich mich darüber wundern sollen, weshalb sie mich nach Kairo einlud und nicht nach Paris, Paris war ja viel näher. Alles hat jedoch seine Bestimmung und seinen Grund, weswegen ich mir über solche Dinge keine Gedanken mache. Es ist wichtig, sich auf das Schicksal einzulassen, denn der Kosmos weiß, was er da macht. Alles hat einen Sinn. Die Kaiserin schickte einen Abgesandten, um mir die Einladung zu überbringen, und ich sagte zu. Also flog ich nach Kairo.

Tutanchamun zog mich magnetisch an

Ich beschloss, die Gelegenheit zu nutzen und meiner Vergangenheit auf den Grund zu gehen, weshalb ich das Grab von Tutanchamun im Tal der Könige besuchen wollte. Auch seinen Sarkophag und seine Grabgegenstände wollte ich mir von daher im neuen Museum von Kairo anschauen.

Also flog ich zuerst nach Luxor zusammen mit einem Fernsehteam, das gerade eine Doku für RTL II mit mir realisierte. Ich logierte im ehemaligen Schloss von König Faruk, von wo aus wir schließlich das alte Ägypten erforschten. Es war Oktober und ziemlich heiß, als wir uns auf den Weg machten, die verschiedenen Tempel zu erkunden. Dort fühlte ich mich auf Anhieb sehr wohl. Und es war sehr eigenartig: Ich fühlte mich auch wie zuhause, obwohl bis dahin noch nie in Luxor gewesen war. Der Ort war mir auf seltsame Art und Weise vertraut, gerade so, als ob ich schon mehrfach dort gewesen war. Die Tempel faszinierten mich sehr. Ich stellte mir vor, wie sie in früheren Zeiten von Hohepriestern und Pharaonen beseelt worden waren. Ich konnte es kaum abwarten, bis es dann endlich so weit war: Wir fuhren zum Tal der Könige in der Nähe von Luxor und kamen dabei durch verschiedene Ortschaften. Es war sehr interessant, weil wir dort das Leben der einfachen Leute beobachten konnten. Endlich erreichten wir dann die riesige Grabanlage.

Das Tal der Könige ist im Grunde genommen ein Steinplateau in der Wüste, in das unzählige Gräber eingelassen wurden. Zunächst besuchten wir das Grab von Ramses IV. Die überwältigend großartige Kunst und die Wandmalereien mit Hieroglyphen begeisterten mich unglaublich und es beeindruckte mich sehr, wie gut sich die Farben auch noch nach Tausenden von Jahren erhalten haben. Neben ihrer Kunstfertigkeit hatten mir die Gräber aber ansonsten nicht vieles zu erzählen, bis wir vor dem Grab Tutanchamuns standen. Vor Aufregung stellten sich mir die Nackenhaare hoch, als wir den Eingang passierten.

Es war mir überhaupt nicht bewusst, dass sich die Mumie Tutanchamuns immer noch in der Grabkammer befindet, bis mich unser Fremdenführer darauf hinwies. Sofort dachte ich: »Nein, da kannst du jetzt nicht rein!« Irgendetwas hielt mich zurück. Letztendlich siegte aber meine Neugier, ich setzte langsam einen Fuß vor der anderen und begab mich in die Grabkammer hinein. Plötzlich stand ich vor dem Sarg und der Mumie des Pharaos. Es war unfassbar. Ich hatte das

Gefühl, dass die Mumie sich energetisch mit mir austauschte. Es kam mir tatsächlich so vor, als wäre sie am Leben, was sicherlich auch an der perfekten Einbalsamierung und dem wunderbaren Zustand der Mumie lag.

In unmittelbarer Nähe standen zwei Grabwächter. Der eine von beiden schluchzte plötzlich los und war völlig aufgelöst. Er wirkte so, als ob er einen unglaublichen Schock erlitten hätte. Mit fragenden Blicken schaute ich seinen Kollegen an, der daraufhin erst mit der Hand auf mich und dann auf die Mumie deutete. »Mein Kollege ist fix und fertig, weil er eine Verbindung zwischen Ihnen und Tutanchamun festgestellt hat«, verriet er mir. Diese Verbindung zwischen der Mumie und mir ist vielleicht auch ein Indiz dafür, dass es das Leben nach dem Tod wirklich gibt, an das die alten Ägypter geglaubt haben. Demnach ist der Tod nicht das Ende, sondern lediglich die Voraussetzung dafür, in der jenseitigen Welt existieren zu können.

Auf dem Weg zurück ins Hotel dachte ich sehr viel über die Energie des verstorbenen jungen Pharaos nach. Diese Energie sollte mich übrigens noch wochenlang begleiten, allerdings auf eine angenehme Art und nicht auf die erschreckende, wie man sie aus Horrorfilmen kennt.

Trotzdem erhielt ich mitten in der Nacht nach unserem Besuch im Tal der Könige einen kleinen Schrecken, weil es plötzlich an die Türe klopfte. Ich lauschte und drückte vorsichtig die Türklinke nach unten, aber als ich auf den Flur blickte, war niemand da. Da es sich um einen sehr langen Flur handelte und die Treppe weit entfernt war, war ich mir sicher, dass es sich um keinen menschlichen Besucher handeln konnte, der mich noch so spät störte – einen Menschen hätte ich garantiert gesehen, wenn er weggelaufen wäre. Hatte ich Besuch von Tutanchamun erhalten?

Die Kaiserin empfängt uns

Am darauffolgenden Tag nahmen wir ein opulentes Frühstück ein und begaben uns auf den Weg zum Flughafen, um nach Kairo zu fliegen. Dort angekommen checkte ich in einem Fünfsternehotel ein und bereite mich auf den folgenden Tag vor. Am nächsten Morgen wurden wir nach dem Frühstück von einem Gesandten der Kaiserin abgeholt und zu einer Moschee gefahren, in welcher ein Festakt für den verstorbenen Schah Mohammad Reza Pahlavi stattfand. Die Kaiserin wurde bei ihrem Eintreffen verehrt wie eine Gottheit. Ihre Anhänger begrüßen Sie mit dem Titel »Shahbanou«, was so viel wie die »Dame des Schahs« bedeutet.

Die Moschee war in ein Meer weißer Blumen gehüllt. Die Sicherheitsmaßnahmen waren sehr hoch, denn das Gebäude wurde von Militär, Geheimdienst und Polizei umstellt. Aus aller Welt waren Anhänger der kaiserlichen Familie zusammengekommen. Nach dem Festakt begaben wir uns zu unserer Limousine und warteten auf Anweisungen, wohin wir fahren sollten. Der Ort des Treffens wurde bis zur letzten Sekunde geheim gehalten, um die Kaiserin zu schützen.

Wir trafen sie nicht in ihrem Palast an, in dem sie lebte, wenn sie sich in Kairo aufhielt. Sie wartete in einem Hotel auf uns, in den ein ganzer Trakt für sie reserviert worden war. Als wir eintrafen, warteten etwa bereits ungefähr zweihundert Menschen auf ein Treffen mit der Kaiserin. Als wir hineingebeten wurden, waren außer uns noch ein paar Hofdamen und Sicherheitsleute anwesend. Außer uns gab es keine anderen Gäste. Dann erschien die Kaiserin.

Es war ein unfassbar schöner Moment für mich. Die Kaiserin hatte eine faszinierende und elegante Erscheinung und eine sensationelle Ausstrahlung. Die Begegnung mit ihr wurde von ihrer Güte und Herzlichkeit getragen und es war mir, als würden wir uns schon seit einer Ewigkeit kennen. Ich überreichte ihr meine Geschenke und ließ mir ihre Biografie signieren. Die Kaiserin bat mich, ihr viel Energie zu senden.

Schließlich unterhielten wir uns so lange, dass ihr Management uns mehrmals darauf hinweisen musste, doch endlich Schluss zu machen – draußen würden noch viele anderen Menschen darauf warten, von der Kaiserin empfangen zu werden.

Es war sicherlich einer der großartigsten Momente in meinem Leben.

Die Marchesa Casati

Als ich noch ein kleiner Junge war, stand ich staunend und faszinierend vor Carmens Bildergalerie. Carmen war eine Freundin meiner Mutter. In ihrem Haus hingen Originale in Öl und sogar ein Gemälde von Otto Dix. Ich versuchte, mir alles zu merken, was ich auf den Bildern sah. Während die anderen Kinder sich für Popstars und Disneyland interessierten, widmete ich mich der Mode und Kunst. Schon damals liebte ich schöne Dinge. Wenn ich heute so darüber nachdenke, erinnere ich mich vor allem an meine Kunst, die ich eines Tages zum Ausdruck brachte und die bis heute meine Seele widerspiegelt.

Carmen stammte aus einer sehr wohlhabenden Familie. Für mich war ihr Haus nicht nur eine Villa, für mich war es ein Palast. Hier gab es Schönheit und Luxus im Überfluss. Überall standen antike Möbel aus der Biedermeierzeit und anderen Epochen, die meisten waren aber aus dem Rokoko. Die Polster waren aus erlesenem Brokat oder mit Samt bezogen. Kunstvoll geschnitzte, vergoldete Reliefs verzierten Armlehnen und Rücken. Besonders faszinierten mich die Stuhlfüße in Form von Löwentatzen. Die Fenster waren verziert mit prächtigen Vorhängen und auf dem edlen Parkett lagen schwere orientalische und chinesische Teppiche, in denen man bei jedem Schritt leicht versank. Während die Erwachsenen sich unterhielten, hatte ich Zeit, mich umzusehen und zu träumen. Dies tat ich ausgiebig und lange. Mich faszinierte der große Kristallkronleuchter im Wohnzimmer genauso wie das reich verzierte Treppengeländer, das in den ersten Stock führte – dort befanden sich Bäder und Schlafzimmer.

Im Bad kam das Wasser aus vergoldeten Hähnen in Form von Schwänen. Boden und Wände waren verziert mit italienischen Marmorintarsien. Überall hingen große barocke Spiegel. Das Ganze wirkte erstaunlicherweise nicht protzig, sondern ganz natürlich. Es wirkte trotz des Luxus sehr selbstverständlich und nicht aufgesetzt. Alles bei Carmen war geschmackvoll und mit Bedacht gewählt.

An all dem Luxus erfreute ich mich sehr. Neid kannte ich nicht, Neid ist mir auch heute noch fremd. Bei Carmen sog ich alles auf: die Möbel, die Spiegel, die Teppiche. Ich war mir sicher, einmal genauso leben zu können. Ich beschloss, mir diesen Luxus durch harte Arbeit zu verdienen. Schon seit meiner Kindheit war mir Arbeit vertraut, denn ich habe immer mitanpacken müssen. Ich wusste, dass ich andere an meinem hartverdienten Luxus teilhaben lassen wollte, wenn ich es einmal geschafft haben sollte – so wie Carmen, die ihren Luxus immer ganz selbstverständlich mit mir teilte.

Mein Ziel war es, alle Frauen wie Prinzessinnen leben zu lassen. Alle sollten in solch einem Ambiente leben können wie Carmen. Eines Tages beschloss ich aus diesem Grund, selbst solche wundervollen Möbel zu entwerfen.

Die Exzentrik in Person

Bei Carmen entdeckte ich eines Tages ein schönes Gemälde mit einer faszinierenden und sehr exzentrisch anmutenden Dame. »Das ist die Marchesa Luisa Casati«, verriet sie mir. Staunend hörte ich zu, was Carmen mir noch zu berichten hatte: Die Marchesa wurde 1881 als Luisa Rosa Maria Amman als jüngste Tochter eines wohlhabenden Textilfabrikanten in Mailand geboren. Wie es damals in diesen Kreisen üblich war, erzog man sie von Kindheit an zu tadellosem Benehmen und lehrte sie die Regeln der gesellschaftlichen Repräsentation. Damals wurden Kinder ihres Standes nahezu ausschließlich zu Hause von Hauslehrern und Tutoren unterrichtet. Sie galt als sehr intelligent und frühreif und sprach mehrere Sprachen. Ihre Eltern verstarben sehr früh. Daraufhin wurden sie und ihre Schwester zu Vollwaisen und zu den wahrscheinlich wohlhabendsten Erbinnen Italiens.

Luisa Casati galt als menschenscheu und introvertiert, gewann aber mit der Zeit ein enormes Selbstbewusstsein und fand immer mehr Geschmack an einer exzentrischen Mode. Alles an ihr war aufregend, exaltiert und verschwenderisch. Sie zählte zu den meistporträtierten Menschen ihrer Zeit. Spätestens nach ihrer Heirat mit dem Aristokraten Camillo Casati Stampa di Soncino, Marchese di Roma fasste sie Fuß in der europäischen High Society.

1910 kaufte sie in Venedig den Palazzo Venier dei Leoni am Canal Grande und investierte Unsummen, um ihn aufwendig renovieren zu lassen. Dort veranstaltete sie Feste wie den Grande Ballo Pietro Longhi im September 1913. Dafür wurde der Markusplatz mit seinen 14.000 Quadratmetern zu einem gigantischen Tanzboden umfunktioniert. Je exzentrischer und skandalöser sie sich benahm, desto faszinierender und größer wurde ihr Mythos. Sie war sehr kunstbegeistert und unterstützte viele Künstler. Ihr ganzes Leben war ein wilder, leidenschaftlicher Tanz. Am Ende hatte sie ihr immenses Vermögen verprasst und verbrachte das Alter in London in größter Armut. Doch niemand in ihrer Zeit zog so viel Aufmerksamkeit auf sich wie sie. Ihr Glanz strahlt auch heute noch, sie inspiriert nach wie vor viele Modeschöpfer – auch ich widmete ihr vor Jahren eine Kollektion. Diese präsentierte ich in einem Luxushotel in Italien in Anwesenheit von Hollywood-Diva Gina Lollobrigida und dem UFA-Star Carola Höhn.

Bella Italia

In Italien hat Mode einen völlig anderen Stellenwert als in Deutschland, wie ich bereits vor vielen Jahren festgestellt habe. Als junger Mann verbrachte ich einen Kurzurlaub in einem Hotel bei Ostuni. Das Hotel hatte gerade einmal vier Sterne und ich hatte vor, mich zu erholen, weswegen ich nur das Notwendigste an Kleidung mitnahm – ein großer Fehler, wie sich bald schon herausstellte.

In dem Hotel schien die gesamte High Society Italiens abgestiegen zu sein: Principesse, Contessen, Chefärzte aus Rom – es war großartig. Die Damen erschienen am Abend in goldenen Ungaro-Abendroben mit Schleppe zum Dinner. Es war wie in einem Fellini-Film. Trotz meiner eingeschränkten Garderobe machte ich einen guten Eindruck und bekam sehr viel Lob von den Damen. Man war ganz erstaunt, dass ich Deutscher war. Eine solche Exzentrik und Stilsicherheit schien man von Deutschen offenbar nicht zu erwarten.

In der Schule

Ich mochte die Schule gerne und das Lernen fiel mir leicht. Besonders der Musikunterricht gefiel mir sehr gut. Wir hatten eine sehr ambitionierte Lehrerin, die ihren Beruf als Berufung betrachtete. Von ihr erfuhren wir viel über die Biografien von Mozart, Bach, Händel und vielen anderen Komponisten. Chemie war ebenfalls ein sehr aufregendes Fach, das meine Fantasie beflügelte. Ich kaufte mir sogar einen Chemiebaukasten, um zu Hause selbst Experimente durchzuführen. Deutsch und Englisch fielen mir geradewegs in den Schoß.

Schon damals war es von Vorteil, dass ich schnell Zusammenhänge begreife. Weil ich hochsensitiv bin, nehme ich so manches schneller wahr. Auch verfüge ich über ein sensationelles Gedächtnis und vergesse nahezu nichts. Was ich einmal gelesen oder vernommen habe, brennt sich fest in meinem Gehirn ein.

Für die Schule musste ich aus diesem Grund zuhause nicht sehr viel lernen, was durch die katastrophalen Zustände dort sowieso kaum möglich gewesen wäre. Wie sollte man sich bei all dem Terror, der zu Hause durch die Aggressivität meines Vaters herrschte, konzentrieren können? Geschichte fiel mir besonders leicht, da ich durch meine Großmutter über ein sehr großes Vorwissen in der antiken Mythen-, Sagen- und Götterwelt verfügte. Auch im Deutschunterricht konnte ich mit den erlernten Heldensagen brillieren. Physik und Geografie gingen mir ebenso leicht von der Hand wie Chemie. Da mein Vater keinen Sinn in zu viel Bildung sah, besuchte ich jedoch letztendlich nicht wie von mir erstrebt das Gymnasium, sondern die Realschule.

Eine Leidenschaft entfacht sich

Nach dem Unterricht war ich oftmals bei meiner Tante. Mit ihr konnte ich mich gut unterhalten, sie verstand mich einfach. Eines Tages fragte sie mich: »Junge, weißt du eigentlich schon, was du einmal werden möchtest, wenn du mit der Schule fertig bist?« In diesem Moment wusste ich erst gar nicht, was sie meinte und was sie von mir wollte. Das merkte sie natürlich sofort und erklärte: »Na, was du lernen möchtest, welchen Beruf du ausüben möchtest.«

Darüber hatte ich mir bis zu diesem Zeitpunkt noch nie Gedanken gemacht. Irgendwie nervte mich die Frage etwas, denn ich hatte nicht den Wunsch, wie andere Kinder Polizist oder Sänger oder Arzt zu werden. Ich hatte einen höheren Plan, denn ich wollte eine schönere und bessere Welt kreieren und alle Frauen zu Prinzessinnen machen. Allerdings wagte ich es nicht, meiner Tante von meinem größten Wunsch zu erzählen. Also saß ich einfach da und wartete darauf, was sie mir sonst noch zu sagen hatte.

Sie aber schaute mich nur nachdenklich an, während sie ihren Stoff zuschnitt – sie war Schneiderin. Mit sechs Jahren habe ich mein erstes Kleid für sie entworfen, das sie daraufhin tatsächlich nähte. Es war ein wunderschönes schwarzes Spitzenkleid im Empirestil und mit goldfarbenem Futter versehen. Wahrscheinlich kam ihr genau in diesem Moment dieses Kleid in den Sinn, denn sie sagte: »Ich habe eine Idee. Da du dich ja so sehr für Mode interessierst und offensichtlich auch sehr talentiert bist, solltest du etwas in diese Richtung unternehmen. Ich kenne den Besitzer eines großen eleganten Modehauses, den werde ich bitten, dich aufzunehmen.«

Gesagt, getan. Kurz darauf nahm mich meine Tante mit zum Vorstellungsgespräch in das besagte Modehaus. Wir betraten einen großen Raum mit einem überdimensional wirkenden Schreibtisch, hinter welchem ein streng blickender, stattlicher Herr mit lichtem Haar saß. Als er meine Tante sah, stand er auf, lächelte und begrüßte sie freundlich. Mir gab er daraufhin die Hand und sagte: »So, du willst also bei uns lernen? Sag mir mal, wieso ich dich einstellen sollte.«

Bevor ich zu einer Antwort ansetzen konnte, legte meine Tante auch schon mit einem Loblied über mich los. Ehe ich es mir dann richtig versah, hatte ich auch schon einen Ausbildungsvertrag zum Einzelhandelskaufmann Mode unterschrieben. Meine Tante war total begeistert und meinte, ich sei nun erstens versorgt und hätte einen Ausbildungsplatz und zweitens lernte ich dadurch auch den unternehmerischen Teil, das Verkaufen. Alles, was ich über Stoffe, Stoffbeschaffenheit, Schnitttechnik und dergleichen lernen müsste, würde sie mir vermitteln. Und genauso geschah es. Am Ende hatte ich die beste Ausbildung, welche man in drei Jahren nur bekommen konnte.

Die Schönen der Nacht

Jetzt war ich für die Selbstständigkeit bereit und fit fürs Leben. In der Zeit meiner Lehre modelte ich auch, um mein Geld aufzubessern und lernte dabei meine Freundin Annika kennen. Annika war 1,80 m groß, super schlank und sah fantastisch aus. Mit ihr zusammen machte ich das Nachtleben in der Umgebung unsicher. Es waren die 80er, die Zeit von Tina Turner, Michael Jackson, Prince, Billy Idol und dem Denver Clan.

Man machte sich zum Ausgehen chic, die Diskotheken nannte man Clubs und es war alles vornehm und edel. In Mühlacker unweit von meinem Heimatort gab es das »Valentino«. Das war einer dieser Nobelclubs, in welchem wir regelmäßig verkehrten. Etwas weiter in Pforzheim gab es das »Revolution« und mitunter fuhren wir auch schon mal nach München, um im »Aquarius« oder »P1« abzufeiern.

Anstehen oder Diskussionen mit den Türstehern kannten wir nicht. Wir sahen exklusiv aus und waren genau das, was die Clubs liebten. Wir wirkten, als seien wir dem Denver Clan entsprungen. Meine Freundin bediente sich dafür schon mal an der Schmuckschatulle ihrer Mutter oder nähte kurzerhand ein Kostüm der Mutter enger – ohne vorher zu fragen. Ab und zu nähte ich sie komplett in Stoffe ein, welche ich an ihrem Körper drapierte. Um es kurz zu machen: Selbst in München, dem damaligen Hot Spot, den man auch aus der Serie »Kir Royal« kennt, waren wir eine Sensation. Im Sommer flogen wir nach Ibiza und tanzten dort leichtbekleidet durch die Nacht.

POMPÖÖS

Nach meiner Lehre lernte ich Dieter kennen. Dieter war 17 Jahre älter als ich, verheiratet und inzwischen geschieden. Er hatte zwei süße Töchter im Alter von fünf und acht Jahren. Zwischen mir und Dieter hatte es von Anfang an gefunkt. Nach wenigen Monaten zogen wir bereits zusammen und hatten die grandiose Idee, einen Laden zu eröffnen. Uns fehlten zwar hinten und vorne die Mittel dazu, da er absolut nichts mehr besaß – nicht einmal mehr eine Wohnung. Ich hingegen war noch zu jung für Ersparnisse, doch ich war kreativ. Kreativität ist das höchste Gut im Leben.

Gerne sagt man auch »Not macht erfinderisch«. Alles, was ich in meinem Leben erreicht habe, ist hart erkämpft und durch meinen unbeugsamen Willen und meine kreative Weitsicht entstanden. Der Begriff Kreativität leitet sich übrigens vom lateinischen Wort »creare« ab, was so viel bedeutet wie etwas Neues schöpfen, herstellen oder erfinden.

Vielleicht halten Sie sich selbst nicht für besonders kreativ, aber glauben Sie mir, wenn ich Ihnen sage, dass das nicht stimmt. Als Kinder waren wir alle kreativer als wir es heute sind. Stellen Sie sich nur einmal vor, welche unglaubliche Fantasie Kinder haben, welche Spiele sie erfinden und wie sie in der Lage sind, Dinge in einem ganz anderen Licht zu sehen. Mit dem Erwachsenwerden vergessen viele diese Gabe. Ich habe sie mir erhalten und es mir gestattet, mir meine kindliche Begeisterung und Fantasie zu bewahren. Sie müssen es so sehen, dass alles, was in der Welt existiert, alle Gegenstände, mit denen wir uns umgeben, egal, ob Häuser oder Autos, ursprünglich einmal in der Fantasie eines kreativen Kopfes entstanden sind. Ohne Kreativität gäbe es vieles nicht. So war es auch mit unserem Laden. Aus Geldmangel mussten wir uns etwas einfallen lassen, doch unsere Kreativität brachte uns voran.

Mode für Musketiere

Im November 1987 feierten wir dann die Eröffnung. Unser Laden war sehr prunkvoll und liebevoll zugleich eingerichtet. Tante Gertrud gehörte zu der Generation, die Weltkriege mitgemacht haben. Da wurde nichts weggeworfen. Die Speicher quollen über vor Gegenständen. Gemälde, Kleider Möbel – eine wahre Schatzgrube.

Auf meine Bitte hin überließ Sie mir großzügig alles, was mein Herz begehrte. Ich durfte mich auf ihrem Speicher bedienen, welcher dadurch immer leerer wurde, denn von dort holte ich mir die einen oder anderen kostbaren Stücke, um sie in unserem Laden zu platzieren. Sie freute sich, dass ihre alten Schätze nun in guten Händen waren und wieder zur Geltung kamen. Mitten im Laden hing einer meiner großzügigen Kronleuchter. Ein alter Tisch und ein antiker Schrank von Tante Gertrud fanden auch ihren Platz. Da ich kein Geld für teure Möbel hatte, besorgte ich günstige Regale aus Naturholz, lackierte sie weiß und bestückte sie mit Ware. Im Schaufenster drapierte ich die ungewöhnlichsten Sachen, die ich für die kommende Herbst- und Wintersaison auf der Messe finden konnte. Unter diesen Sachen befand sich auch die berühmt-berüchtigte Rüschenbluse, die nicht nur bei den Damen besonders gut ankam. Mehr und mehr Männer sprachen mich nämlich täglich auf die Bluse an und fragten, ob es diese auch für Männer gäbe. Ich verkaufte Mode, die in anderen Stuttgarter Läden nicht zu finden war. Das war das Besondere und genauso wollte ich es auch.

Deshalb rief ich bei einem Hersteller an und fragte, ob dieser für mich Herrenhemden mit Rüschen produzieren könne. Doch meine Frage stieß auf ein äußerst verdutztes Schweigen. Der Herr am Telefon hakte nach, ob ich wirklich Herrenhemden mit Rüschen möchte und versicherte mir zugleich, dass das kein Trend werden würde. Ich wusste aber, wie groß die Nachfrage meiner Kunden war und beharrte auf meinen Rüschen.

»Diesen Auftrag kann ich nicht übernehmen«, erhielt ich als Antwort, dann war das Gespräch beendet. Der Herr hatte mich wahrscheinlich für völlig bekloppt gehalten. Es war das erste Mal, dass sich solch ein Vorfall ereignete, aber leider auch nicht das letzte Mal. Neue Ideen werden oft als schwachsinnig abgetan und wenn sie dann funktionieren, springen genau diese Personen, die einen zuvor noch belächelt haben, auf den fahrenden Zug auf, um dann abzusahnen. Sich aber einmal etwas Neues zu trauen und ein Risiko einzugehen, das wollten sie zuvor nicht.

Ich bin der Meinung, dass genau an dieser mangelnden Risikobereitschaft unsere Wirtschaft und Gesellschaft kranken. Auch ein weiterer Hersteller wollte meine Anfrage nicht erfüllen. So blieb mir nichts anderes übrig, als die Rüschenhemden selbst zu produzieren. Ich kaufte Spitze und Bordüren vom Meter, dazu mehrere Rollen dickes Nähgarn, setzte mich am nächsten Tag an das Erbstück meiner Mutter, ein Monstrum von einer Nähmaschine, und nähte drauflos.

Es waren meine ersten Nähversuche, entsprechend langsam ging es voran. Tante Gertrud hatte mir zwar vor vielen Jahren gezeigt, wie man eine Nähmaschine bedient, doch richtig gelernt hatte ich es nie. Ich ließ mich aber nicht unterkriegen und nähte weiße Rüschen an schlichte weiße Hemden – für Damen und Herren gleichermaßen. Wie sich herausstellte, erschuf ich damit einen richtigen Trend.

Pomp ... Pompadour ... Pompöös

Nun brauchte ich noch ein Firmenlogo, um die Präsenz meines Geschäftes auch richtig zur Geltung zu bringen. Mein Augenmerk fiel auf ein Design in knalligem Rot und Grün mit einem Schrifttyp wie der des Hollywood-Schriftzugs in Beverly Hills. Jetzt fehlte nur noch das Logo bzw. der Firmenname. Mein Kopf aber war leer, ich war überarbeitet und unendlich müde. Ich muss wohl eingenickt sein, denn plötzlich träumte ich vom französischen Hof und von Madame de Pompadour. Es war ein wundervoller Traum.

Madame de Pompadour war die Mätresse des französischen Königs Ludwig XV. Im Alter von neun Jahren war ihr diese Rolle bereits prophezeit worden. Mit dem Wissen um diese Vorbestimmtheit versuchte sie, die Aufmerksamkeit des Königs zu ergattern. Auf einem Maskenball gelang es ihr dann auch, den König für sich zu gewinnen.

Sie aß jeden Abend sechzehngängige Menüs und sagte einst »Champagner ist der einzige Wein, der eine Frau noch schöner macht, nachdem sie ihn getrunken hat.«

»Pompadour. Pomp. Pomp. Pompös«, sagte ich plötzlich laut im Schlaf. Als ich meine Augen öffnete, hatte ich es klar und deutlich vor mir – POMPÖS. Ich schrieb es schnell auf unsere Liste. Mir gefiel der Name sehr, doch so geschrieben, sah er unheimlich langweilig aus. Ich setzte noch zwei Ö-Pünktchen über das erste O. »Schon besser, aber immer noch nicht gut genug«, dachte ich. »Dann mit zwei ö. Wenn schon dekadent, dann richtig. POMPÖÖS.«

»Okay«, sagte ich »ja, das ist es und ich werde eine Modenschau zelebrieren, die die prächtige Mode von Madame Pompadour aus ihrer Zeit in unsere transportiert.« Noch ganz fasziniert und inspiriert von diesem Traum, vergaß ich auf der Stelle alle Müdigkeit und zeichnete die ganze Nacht durch.

Showtime

Mein Laden in Stuttgart war in unmittelbarer in der Nähe des Alten und Neuen Stuttgarter Schlosses. Das Neue Schloss wurde im 18. Jahrhundert im Auftrag der württembergischen Herzöge und Könige als Residenz- und Wohnschloss erbaut. Diese Epoche wollte ich gerne wieder aufleben lassen, um somit den Glanz vergangener Zeiten zurückzuholen, als ich 1994 beschloss, eine Show im prächtigen Marmorsaal des Neuen Schlosses in Stuttgart zu zelebrieren.

Stargäste des Abends waren unter anderem Ihre Königlichen Hoheiten Brigitta Prinzessin von Preußen und Michael Prinz von Preußen. Ihnen folgten Ihre Durchlaucht Manuela von Cube Prinzessin von Urach Gräfin von Württemberg sowie Ihre Königliche Hoheit Erina Prinzessin von Sachsen Herzogin zu Sachsen.

Der Saal glänzte nicht nur durch die zahlreiche Prominenz, sondern auch durch unsere Models. Diese trugen tief dekolletierte Kleider mit glamourösen Korsagen und goldenen Bordüren sowie ausladende Reifröcke mit aufwendigen Drahtgestellen, die für das nötige Volumen sorgten. Wir hatten Kleider aus Satin und Brokat, mit Spitze und Tüll. Es war rüschenhaft, voluminös und dramatisch zugleich. Das absolute Highlight war eine moderne Version eines Rokoko-Kleides mit Silberfolie, Schleifen und Goldglitter. Die männlichen Models trugen Anzüge im Louis XIV-Stil, lange Kasack-Jacken mit Pumphosen und Schnallenschuhen.

Von da an bereicherte ich Stuttgart jedes Jahr mit opulenten Haute Couture-Shows und einer Prachtentfaltung, wie sie die Landeshauptstadt Stuttgart seit Königszeiten nicht mehr erlebt hatte. Prinzessinnen und Prinzen pilgerten ebenso zu meinen Shows wie Weltstars, darunter Gina Lollobrigida, Bo Derek, Chaka Khan, Amanda Lear, Grace Bumbry, Zucchero und viele mehr.

Seit damals stehen mein Label POMPÖÖS und ich für Luxus und Extravaganz – und nicht zu vergessen unser Logo, die Krone als Insignie für Reichtum und Macht.

Chaka Khan und Prince

Bei meiner ersten Haute Couture-Show 1994 in Stuttgart konnten wir auch noch ein weiteres Highlight präsentieren: unsere erste CD, ein Album mit dem Titel »Pompöös is my Life«. Ich war schon immer der Meinung, dass Mode, Kunst und Musik hervorragend zusammenpassen. Ein Leben ohne Musik habe ich mir noch nie vorstellen können. Damals befand ich mich in einer sehr barocken Phase. Und so, wie ich die Mode barockisierte, wollte ich auch eine Art von Musik kreieren, die zwar zeitgemäß, aber gleichzeitig barock angehaucht war. Unsere neue Kreation nannten wir »Barock-Trance«.

Es entstanden zehn Songs, zu denen vorwiegend ich die Texte schrieb. Es ging um Ludwig XIV., um Madame de Pompadour, um Versailles, um Lieder, die Geschichten erzählen. Meine Rolle war die des Executive Producers, gemeinsam mit Dieter habe ich aber auch gesungen. Zusätzlich hatten wir noch eine Sängerin engagiert. Alles basierte jedoch auf dem Grundgedanken einer großen Inszenierung von Musik und Mode.

»Barock-Trance«

Zu dieser Idee war es eines Abends gekommen, als wir in dem französischen Restaurant »Brasserie Flo« in Stuttgart saßen, in welchem wir sehr oft nach getaner Arbeit und dem Ladenschluss dinierten. Dort traten meist Livebands auf, wie auch an jenem besagten Abend. Diese Bands verfügten zwar meist über großartige Stimmen, trugen aber furchtbar langweilige Outfits und legten auch keinen Wert auf eine gute Performance. »Wir müssen so fantastische Outfits präsentieren und eine perfekte Show inszenieren, dass kein Mensch mehr auf die Stimmen achtet, sondern bereits bei unserem Erscheinen auf der Bühne Applaus ertönt«, sagte ich, wobei ich mich durch den Gedanken an Marlene Dietrich inspirieren ließ.

Es kam schließlich genauso, wie ich es gesagt hatte. Über Nacht erhielten wir Einladungen in sämtliche Late Night Shows wie in die Harald Schmidt Show, wo ich auf die großartige Grace Jones traf. Grace Jones und ich haben uns auf Anhieb sehr gut verstanden. In ihrer Garderobe lud sie mich zu Champagner und Austern ein. Persönlich ist Grace Jones genauso, wie man sie in der Öffentlichkeit kennt.

Weather Girls, Alphaville, Chaka Khan

Jetzt wurden wir von großen Veranstaltern und großen Diskotheken gebucht. Stets reisten wir mit einer großen Entourage an Tänzern im barocken Outfit und mit unserer Sängerin. Sie trug ein Rokoko-Kleid und eine Rokoko-Perücke, Dieter trug eine Rokoko-Jacke, Kniehosen und eine barocke Perücke, während ich als Ludwig XIV. im Krönungsornat in Erscheinung trat: Gehüllt war ich in einen blauen Krönungsmantel, der mit unechtem Hermelin besetzt war und über eine sechs Meter langen Schleppe verfügte. Wir hatten Auftritte mit den Weather Girls und mit Alphaville. Beim zweiten Auftritt mit Alphaville wollten die Jungs ihre Outfits mit den unsrigen tauschen. Ein paar Wochen nach unserer Show im Neuen Schloss bekamen wir einen Anruf von einem befreundeten Journalisten, der meinte, Chaka Khan hätte von uns gehört und wolle uns kennenlernen, da sie momentan in Deutschland sei. In der schönen Pfalz kamen wir schließlich zu einem Dinner zusammen und verstanden uns auf Anhieb prächtig. Es entstand eine über viele Jahre andauernde Freundschaft. Mal besuchte ich Chaka Khan in London und dann war sie wiederum zu Gast für einige Tage bei uns in Stuttgart.

Prince knapp verpasst

Zu dem Besuch in London gibt es eine witzige Anekdote. Chaka Khan sagte zu mir: »Du musst mich unbedingt am Mittwoch in London besuchen.« Ich antwortete: »Das kann ich leider nicht, weil ich am Donnerstagfrüh in Stuttgart sein muss. Ich habe dort einen wichtigen Termin. Ich kann erst am Samstag bei dir sein.«

»Nein, du musst unbedingt am Mittwoch kommen«, beharrte Chaka Khan. Ich entschuldigte mich daraufhin und versicherte ihr, dass mir das wirklich nicht möglich sei.

Als ich dann samstags bei ihr eintraf, sagte sie: »Sehr schön, ich freue mich, dass du da bist. Schade aber, dass es am Mittwoch nicht geklappt hat, denn ich wollte dir eigentlich Prince vorstellen.«

Nachdem ich das gehört hatte, war ich tatsächlich etwas deprimiert. Den Superstar Prince hätte ich gerne kennengelernt. Aber so ist es nun mal im Leben, man wird immer wieder vor Entscheidungen gestellt. Ich entscheide mich in solchen Fällen immer für die Pflicht, denn so wurde ich eben erzogen.

Das Projekt »Musik« funktioniert bis heute

Danach erhielt ich immer wieder Anfragen, ob ich nicht Musik machen wolle. Aber aufgrund meiner vielseitigen Interessen insbesondere in den Bereichen der Malerei und der Mode nahm ich von solchen Angeboten stets Abstand.

Erst 2020 entschloss ich mich dann doch dazu, wieder einen Song aufzunehmen, der den Titel »Wir sind VIP« trägt. Ich war immer schon ein Mensch, der sich etwas getraut hat und der sich keine Gedanken darüber macht, ob er etwas kann oder nicht kann. Vielmehr höre ich auf mein Bauchgefühl und entscheide dann, ob ich etwas möchte oder ob ich es nicht möchte.

Probieren Sie doch auch mal aus, auf Ihr Bauchgefühl zu hören, Ich kann es Ihnen nur empfehlen!

Am Zarenhof

Eines Tages sagte die Fürstin von Urach Gräfin von Württemberg beim Kaffee zu mir: »Du bist völlig unterbewertet und fehl am Platz hier in Deutschland. Ich denke, du solltest deine Kunst in Russland ausstellen. In Russland werden Modemacher verehrt und die russische Seele versteht deine Art, dich auszudrücken. Da schätzt und liebt man Opulenz und Prachtentfaltung und steht dazu.«

Die Fürstin war sehr oft in Russland. Sie hatte Verwandte in St. Petersburg und unter ihren Vorfahren befanden sich auch russische Großfürstinnen. Sie schwärmte immer wieder von Moskau und St. Petersburg. »Da musst du hin, dieser Ort passt sehr gut zu dir und deiner Opulenz.« Ich schien wohl überall hinzupassen, nur nicht nach Deutschland.

Das russische Zarenreich hatte schon immer meine Fantasie angeregt. Immer mehr hegte ich den Wunsch, dieses große russische Reich zu besuchen. Eines Tages war es dann endlich so weit. Ich wurde zwar nicht als Zar, aber zumindest als Modezar nach Moskau eingeladen, allerdings auf einem ganz anderen Weg, als ich es mir je erträumt hätte. Aber wie ich bereits erwähnte, erfüllt der Kosmos alle Wünsche, man muss nur offen sein und den gewissen Moment erkennen, wann und auf welchem Weg die Lieferung ankommt. So war es auch hier.

Pompööse Wandkleider

Bei einem Abendessen lernten wir die Besitzer der Marburg Tapetenfabrik kennen. Die Marburg Tapetenfabrik zählt zu den ältesten Tapetenherstellern Europas und wurde 1845 eröffnet. Sie wird nun schon in der fünften Generation geführt und besticht vor allem durch hohe Qualität und Innovation. Es war Sympathie auf den ersten Blick.

Es mag jetzt etwas altmodisch klingen, aber für mich spielt der menschliche Aspekt eine sehr große Rolle. Deshalb ist es mir auch wichtig, alle neuen Geschäftspartner erst einmal in einem persönlichen Gespräch kennenzulernen. Dabei geht es mir hauptsächlich um die Ausstrahlung der einzelnen Person. Wie kommt sie rüber, was vermittelt sie über ihre Aura und Seele? In diesen Momenten verlasse ich mich stets auf die Stimme meines Herzens. Stimmt die Chemie, können wir über das Business reden. Wenn nicht, gibt es kein gemeinsames Geschäft.

Für mich besteht der eigentliche Reichtum eines Menschen darin, die Möglichkeit zu haben, Nein sagen zu können und dass man Angebote ablehnen kann. Es ist sehr wichtig, dass Sie darauf achten, mit wem Sie sich umgeben. Ich mache jeden Monat eine Liste, auf der alle Namen der Menschen stehen, die ich kenne. Es gibt eine Plus- und eine Minusseite und wer längere Zeit auf der Minusseite steht, wird über kurz oder lang von der Liste und somit aus meinem Leben gestrichen.

Auch das ist sehr wichtig, denn wer nicht für Sie ist, ist gegen Sie. Merken Sie sich das gut. Und jemand, der Ihnen nicht wohlgesonnen ist, vergiftet Sie und Ihre Seele langsam, aber sicher wie ein fauler Apfel, der anschließend den ganzen Obstkorb damit ansteckt. Deshalb weg damit! Wir leben mit Menschen und wir machen Business mit Menschen. Man muss nicht immer einer Meinung sein, aber man sollte sich gegenseitig achten und sich respektieren und ein gemeinsames Ziel haben. Das hatten die Marburg Tapetenfabrik und ich. Wir wollten die außergewöhnlichsten und pompöösesten Tapeten aller Zeiten realisieren. Tapeten, die eine kleine Plattenbauwohnung genauso erstrahlen lassen wie ein königliches Schloss.

Moskau sollte die erste Station unseres Tapeteneroberungsfeldzuges durch die Welt werden, denn am Ende sollten die Tapeten in über sechzig Ländern auf der Welt erhältlich sein. Die Zusammenarbeit zwischen dem Kreativdirektor von Marburg, dessen Team, meinem Team und mir war großartig. Alles funktionierte wie am Schnürchen. Wir freuten uns auf die neuen Tapeten, als bekämen wir ein Kind. Im Grunde genommen war es das auch–ein neues Baby, das die Welt des HARALD GLÖÖCKLER bereichern würde.

Ob in meiner Kindheit, meiner Fantasie, auf Gemälden, in einem früheren Leben oder auf meinen Reisen – prachtvolle Wandmalereien und vergoldete Tapeten haben mich schon immer in ihren Bann gezogen. Sie lassen den Raum majestätisch wirken, auch ohne Möbel. Wie ich Ihnen bereits beschrieben habe, sollen Sie in jeder Hinsicht wie eine Prinzessin leben. Es soll Ihnen an nichts fehlen.

Den Farben und Mustern keine Grenzen setzen

Und so kreierte ich Tapeten, von denen eine prachtvoller als die andere ist. Unsere Linie hat royalblaue Tapeten mit kreisförmigen Anmutungen oder goldenen Applikationen, rote Tapeten verziert mit Strasssteinen und der funkelnden POMPÖÖS-Krone, aber auch schwarze mit glitzernden Steinen, die ein schwarzer barocker Rahmen schmückt, Tapeten in schwarzer Leopardenoptik mit goldenen Schleifen und silbernen Engelsflügeln, die aus mehreren Kronen emporschweben, weiße Tapeten mit filigranen silbernen Applikationen und Quasten oder auch reine, goldfarbene Tapeten mit und ohne barocke Details. Diese Wandkleider sollen Ihr Zuhause verschönern und es zu einem Palast machen, wie Sie es sich vielleicht schon immer gewünscht haben.

Eine Pfauentapete kreierte ich zu Ehren meiner verstorbenen Mutter. Meine Mutter liebte, ja verehrte Pfauen. Sie starb, als ich dreizehn Jahre alt war. Kurz vor ihrem Tode nahm sie meine beiden Hände in ihre und sagte: »Sorge dich nicht. Ich werde immer bei dir sein, dich beschützen und begleiten, auf all deinen Wegen. Ich werde dir Zeichen senden.«

Gina Lollobrigida

Eines Abends, als ich mit der Fürstin von Urach zum Dinner saß, da meinte sie plötzlich: »Ich muss dir etwas sagen. Gina hat sich über dich beschwert!«

»Sie hat sich über mich bei dir beschwert! Inwiefern?«, fragte ich sie.

»Es ist nichts Schlimmes«, meinte sie, »aber irgendwie ist Gina enttäuscht, denn sie hat dich so oft eingeladen, sie doch bei sich zuhause ein Rom zu besuchen. Du hast es immer wieder versprochen, es aber nicht eingehalten. Du solltest hingehen.«

»Manuela«, erwiderte ich, »ich habe diese Einladung nicht ernst genommen. Ich dachte, das ist lediglich die Höflichkeitsfloskel einer Hollywood-Diva.«

»Mein Lieber, Gina ist in erster Linie Italienerin und Römerin. Wenn dich eine Römerin einlädt, ist es immer ernst gemeint, denn sonst würde sie dich erst gar nicht einladen. Bitte tu mir deshalb den Gefallen und fahre so schnell wie möglich zu ihr.« Das tat ich dann auch. Voller Vorfreude fuhr ich nun mit der Limousine zu Gina. Es ging in Richtung Via Appia Antica, auch die »Königin der Straßen« genannt. Die Via Appia Antica gehörte zu den wichtigsten Handelsstraßen des Römischen Reiches und gilt noch heute aufgrund der vielen historischen Bauten als das längste Museum der Welt. Auf dieser »Königin der Straße« wohnten stets reiche Leute, das konnte man an den eleganten Villen erkennen, aber auch an den zahlreichen Überwachungskameras und den Stacheldrähten. Natürlich wohnte auch meine Königin Gina Lollobrigida hier, versteckt hinter einem riesigen Tor. Sehnsüchtig wartete sie bereits in ihrer märchenhaften Villa auf mich. Wir fuhren mit dem Wagen durch das Tor die endlos scheinende Einfahrt entlang, auf leicht steinigem Weg durch den Vorgarten ihrer Villa. Prachtvolle Blumenbeete und üppige Palmen und Zypressen schmückten den Park. Man roch den Duft der vielen farbenprächtigen Blumen, die so schön in der Sonne anzuschauen waren.

Überall standen Skulpturen. Eine dieser Skulpturen sah aus, als ob sie von Salvador Dalí geschaffen sei: Unzählige, wenn nicht sogar Hunderte weißer Tauben flatterten um die Wette. Plötzlich sah ich viele Pfauen: Weiße und grüne Pfauen, die graziös über die grüne Wiese, zwischen all den Bäumen und Blumen stolzierten. Ein weißer Pfau schlug gerade ein gigantisches Rad mit seinen Schwanzfedern. Diese Pfauen vollendeten den majestätischen Anblick des ganzen Areals. In weiter Ferne erblickte ich ein märchenhaftes, kleines rosa Schlösschen, welches beim Näherkommen immer größer wurde.

Gina stand bereits mit weit geöffneten Armen am Eingang ihrer gigantischen Villa und begrüßte mich überschwänglich. Sie sah einfach traumhaft aus und so elegant wie eine Grande Dame. Beim Betreten ihres Anwesens war ich von der ersten Minute an gefesselt. Ich bestaunte all die wunderbaren Kostbarkeiten und die erlesenen antiken Möbel mit kostbaren Brokatbezügen. Man versank regelrecht in riesigen Teppichen, antiken Ikonen und Skulpturen, funkelnden schweren Kronleuchtern und römischen Tierköpfen. Kaum waren wir angekommen, gab es schon einen Aperitif zur Begrüßung, der uns gleich etwas ansäuselte, da ich den ganzen Tag noch nichts gegessen hatten.

Gina und ich – zwei Seelenverwandte

Gina kannte mich und wusste, wofür mein Herz neben ihren antiken Möbeln schmachtete: Kleider. Natürlich. Ohne dass ich danach fragen musste – was ich mich vermutlich auch nie getraut hätte – brachte sie mich über die große majestätische Freitreppe in das obere Stockwerk ihrer Villa und offenbarte uns Einblicke in ihr imposantes Ankleidezimmer. Hunderte von glitzernden und prächtigen Kleidern, sorgfältig verpackt in durchsichtiger Folie, mit den passenden Schuhen und Gürteln strahlten mich an. Gerade für jemanden wie mich war das ein Traum, denn ich schaue doch so gerne in die Kleiderschränke der Frauen. All diese Schätze versetzten mich beinahe in Trance.

Dann ertönte das Klingeln einer Glocke und Gina klatschte freudig in die Hände. Es war Zeit für das Essen. Auf feinstem Porzellan aßen wir schließlich Pasta mit Tomatensoße und tranken dazu köstlichen Wein. Nach dem reichlichen Mahl gingen wir hinaus auf die Terrasse und sahen noch einmal aus einer anderen Perspektive den wunderschönen Garten. Nun konnte ich auch ihre Skulptur sehen: Sie hatte es nicht übers Herz gebracht, ihren alten Rolls-Royce wegzugeben, mit dem sie vor einigen Jahren einen Autounfall gehabt hatte. So beschloss sie, ihn als Skulptur in ihren Garten zu stellen, wo er vor sich hin rostete.

Nach nur wenigen Minuten sah ich auch die vielen Pfauen wieder. Sie kamen scharenweise auf die Terrasse zugelaufen, von wo aus Gina ihnen die Reste unseres Essens zuwarf.

Pfauen, Zeichen für das ewige Leben

Diese Pfauen weckten tiefe Gefühle in mir und erinnerten mich an meine Mutter. Einige Jahre nach ihr war auch meine geliebte Großmutter gestorben. In der Friedhofskapelle in Illingen, in der Großmutters Leichnam vor der Beerdigung aufgebahrt war, gab es hinter dem Altar ein Fenster. Ich lauschte den Worten des Pfarrers, als ich plötzlich sah, wie sich hinter der großen Scheibe etwas näherte. Ich dachte, ich hätte eine Halluzination. Vor dem Fenster stand ein Pfau, das Lieblingstier meiner Mutter. Ein Pfau, obwohl es weit und breit keinen Tierpark gab.

Der Pfau platzierte sich direkt vor der Scheibe und betrachtete, was im Inneren des Gebäudes vor sich ging. Und in dem Moment, als der Pfarrer den Segen sprach, machte er einen Knicks, schlug ein Rad und senkte den Kopf, als verneige er sich vor meiner Großmutter. In diesem Augenblick war ich mir sicher, dass dieser wunderschöne Pfau da draußen meine Mama ist. Als mir später am Grab die Trauergäste ihr Beileid aussprachen, sagten zwei Nachbarinnen meiner Großmutter unabhängig voneinander zu mir: »Bub, hast du den Pfau gesehen? Das war deine Mutter.«

Rom – dekadent und luxuriös

Gina zeigte mir als Nächstes ihre Schätze in ihrem Museum, das sie selbst fein säuberlich angelegt hatte. Es befand sich im Keller ihrer Villa. Dort wimmelte es nur so von internationalen Magazinen und Titelseiten, die in den letzten Jahrzehnten über sie berichtet hatten. Insgesamt war sie auf über 5.000 Titelseiten zu sehen. Daraufhin bot sie uns an, doch bei ihr zu wohnen, aber wir wollten ihr nicht zur Last fallen und logierten deshalb in einem Hotel in Rom. Am Abend lud mich Gina gemeinsam mit einigen ihrer römischen Freunde zum Dinner ein. Es war ein unvergesslicher Abend. Das Dinner fand in dem Palast einer römischen Prinzessin statt. Die Gästeliste las sich wie das Who is Who von Rom. Prinzessinnen, Gräfinnen, Herzoginnen, Filmemacher und Architekten. Das Essen war wie im Schlaraffenland und bestand aus mehreren Gängen. Gina erzählte uns von Begegnungen mit Fidel Castro, dem Schah von Persien, Frank Sinatra, Yul Brynner, Maria Callas, Marlene Dietrich und Arndt von Bohlen und Halbach. Es war unglaublich zu hören, was sie schon alles erlebt hatte. Ich fragte Sie, ob Sie keine Lust mehr habe, Filme zu drehen.

»Inzwischen ist alles anders geworden«, antwortete sie. »Das Hollywood, das ich einst kannte, existiert nicht mehr. Es gibt keine Stars mehr wie Elizabeth Taylor oder Ingrid Bergmann. Gute Regisseure gibt es auch nicht mehr.«

Schauspielerei, Malerei, Bildhauerei

Der Abend verging viel zu schnell, aber am nächsten Tag war ich bereits wieder in der Villa eingeladen. Doch bevor ich eintreten konnte, kam Gina auch schon heraus und führte mich auf die andere Seite des Hauses in einen edlen Glaspavillon, welcher sich als ihr Atelier herausstellte. Vor ihrer Filmkarriere hatte sie Malerei studiert, bis sie dann später, im Alter von dreiundsechzig Jahren, zur Bildhauerei kam, die sich zu ihrer großen Leidenschaft entwickeln sollte. »Am Anfang hat man mich niedergemacht und mir empfohlen, doch bei der Schauspielerei zu bleiben. Aber es hat mich nicht gestört. Ich habe trotzdem weitergemacht«, verriet uns Gina. Sie lebte ihre Talente und Leidenschaften aus und dafür bewunderte ich sie.

In diesem Moment konnte ich mich sehr gut in sie hineinversetzen, da es mir nicht anders erging. Gina war es egal, was andere dachten und ob man sie mochte oder nicht.

Eine Skulptur von ihr war in einem Zeitungsartikel abgebildet. Diesen Artikel zeigte sie uns und ich erkannte ein Kind, das auf einem Adler ritt. Sofort identifizierte ich Gina als dieses Kind. Gina als kleines Mädchen, das keine Angst vor extremer Höhe hatte und voller Neugier alles Mögliche in Angriff nahm.

Nun führte mich Gina in ihre Bibliothek, wo sie mit vielen anderen berühmten Persönlichkeiten wie Marilyn Monroe, Richard Nixen, Queen Elizabeth II., Burt Lancaster oder Michael Jackson auf Bildern zu sehen war. Auch standen in den Regalen dort unzählige Bücher und Bände mit Bildern, die sie selbst fotografiert hatte. Einige von ihren Büchern wurden zu Bestsellern. In ihrer Fotografinnenlaufbahn hatte sie unter anderem Fidel Castro, Salvador Dalí, Paul Newman, Ronald Reagan und Fußballstar Pelé abgelichtet.

Als Letztes zeigte sie mir etwas, auf das sie besonders stolz zu sein schien. Sie präsentierte mir einen Rahmen mit einer italienischen Briefmarke darin, welche ein Gemälde von Mutter Theresa abbildete. »Die habe ich gemalt und man hat sie tatsächlich gedruckt«, sagte sie. Ich hätte noch wochenlang in Rom bleiben können wären da nicht andere Verpflichtungen gewesen, welche auf mich warteten. Witzigerweise führte mich eine dieser Verpflichtungen genau in jene Stadt, die auch das »polnische Rom« genannt wird, nämlich nach Krakau.

Krakau

Krakau ist für mich eine königlich angehauchte Stadt, geprägt durch die Vielzahl an gotischen und barocken Bauwerken. Die Stadt wird nicht nur als das »Polnische Rom« bezeichnet, sondern auch als »Florenz des Nordens«. Unter Kasimir I., auch der Erneuerer genannt, wurde Krakau im Jahre 1038 Hauptstadt Polens. Noch bis heute bewahrt die Stadt den herrschaftlichen Charme aus der Zeit, als sie noch Hauptstadt war.

Als Krakau im Jahr 2000 Kulturhauptstadt Europas wurde, bereicherte auch ich die Stadt mit meiner Anwesenheit. Auf Einladung von Berlins Regierendem Bürgermeister Eberhard Diepgen und des Staatspräsidenten von Polen wurde ich als Modebotschafter der Stadt Berlin und stellvertretend für ganz Deutschland eingeladen, meine Haute Couture vorzuführen – vor internationalen Gästen aus ganz Europa. Austragungsort war das Slowacki-Theater, das 1893 als Miniaturversion des berühmten Pariser Opernhauses errichtet worden war und in dem bis heute viele große romantische Dramen inszeniert werden.

Dramatisch und glitzernd war auch unsere Show. Models führten als barocke Prinzessinnen prachtvolle Roben mit gigantischen Frisuren vor. Paillettenkleider aus schwarzem Samt mit Tausenden funkelnden Strasssteinen konkurrierten mit Kreationen in Purpurrot und Gold. Das Publikum und die polnische High Society bejubelten uns. Meine opulente königliche Mode passte in die reiche, königliche, märchenhafte Atmosphäre dieser Stadt. Überhaupt liebte und liebt man bis heute in Polen meine Mode und meinen Lifestyle. Er entspricht der polnischen Seele. Wo es bei uns Deutschen bereits oftmals zu viel erscheint, darf es bei der polnischen Dame gerne noch etwas mehr an Glamour und Glitzer sein.

Die Gräueltaten der Nazis sind beschämend

Ich liebte diese Stadt, sie regte meine Fantasie in einem unglaublichen Maße an. Aber es gab auch dunkle, weniger schöne Seiten in Krakau. Zum Beispiel das jüdische Ghetto, das 1941 von den deutschen Besatzern im Stadtteil Podgórze am rechten Weichselufer für jüdische Stadtbürger errichtet wurde und in dem zeitweise 20.000 Menschen als Arbeitssklaven gefangen gehalten wurden. Ich schäme mich dafür.

Oft höre ich in Deutschland, dass Menschen sagen, sie schämen sich dafür, wie so manch Prominenter sich verhält. Auch über mich gibt es so manche Äußerungen, dass es eine Schande sei, dass eine Kreatur wie ich noch herumlaufen würde. Vor Kurzem schrieb jemand auf Facebook, Hitler hätte vergessen, mich zu vergasen. Ich gehörte ins KZ.

Es ist erschreckend, so etwas zu lesen. Unsere Geschichte ist etwas, worüber wir nachdenken sollten. Auf Persönlichkeiten wie Albrecht Dürer, Johann Wolfgang von Goethe, Friedrich Schiller, Heinrich von Kleist und viele andere sollten und dürfen wir im selben Maße stolz sein, wie wir uns für die Taten Adolf Hitlers und seiner Schurken schämen und daraus lernen sollten.

Jüdisches Museum Berlin

Im Sommer 2004 wurde in Berlin wieder einmal »Die lange Nacht der Museen« veranstaltet. Ein Professor des Jüdischen Museums sprach mich aus diesem Grund darauf an, ob ich nicht im Platanenwald, also im Garten hinter dem Museum, eine Open-Air-Couture-Show ausrichten wolle. Das Jüdische Museum Berlin ist das größte jüdische Museum Europas. Es beherbergt eine Dauerausstellung sowie mehrere Wechselausstellungen, eine Bibliothek und Forschungseinrichtungen. Alle diese Abteilungen machen es möglich, die jüdische Kultur und die jüdisch-deutsche Geschichte zu erleben.

Ich habe Freunde aus allen Kulturen der Welt. Mein Interesse an jüdischer Kunst wurde aber vor allem in meiner Kindheit durch meine Großmutter geweckt. Sie hatte viele jüdische Freunde und musste im Krieg miterleben, wie übel ihnen mitgespielt wurde. Zudem war sie ein großer Fan von Marlene Dietrich, nicht zuletzt wegen ihrer eindeutigen Haltung gegen das Nazi-Regime im Krieg.

Das Museum ist hochinteressant. Der barocke Altbau sieht aus wie ein Palais. Der hypermoderne, zickzackförmige Neubau von Daniel Libeskind wirkt hingegen fast galaktisch und soll an einen geborstenen Davidstern erinnern – eine interessante Kombination und deshalb genau mein Geschmack. Auch ich liebe es, Modernes mit Antikem zu mischen, sowohl in meinen Modekreationen als auch bei meinen Möbeln und meiner Inneneinrichtung. Mir gefiel dieser Ort deshalb auf Anhieb. Das Museum ist für mich kein Museum in gewöhnlichem Sinn. Es ist für mich Mahnmal und Begegnungsstätte zugleich. Was ich dort gesehen habe, hat mich sehr bewegt.

Ein Sommernachtstraum

Im Jüdischen Museum gibt es ein wunderbares Café. Direkt nebenan befindet sich der Platanengarten. Für die Show schwebten mir bunte, opulente Kleider aus prachtvollen Stoffen vor, versehen mit dramatischen Schleppen. Zartes, fließendes, durchscheinendes Gewebe, aber auch schwere golddurchwirkte, üppig mit Steinen und Perlen besetzte Stoffe. Als Musik wählte ich unter anderem Mendelssohns Komposition zu Shakespeares Sommernachtstraum sowie Mozarts »Entführung aus dem Serail«. Es war ein unvergleichliches Erlebnis und ich empfand es als große Ehre, eine Modenschau an diesem geschichtsträchtigen Ort veranstalten zu dürfen.

Die Gäste schienen durch meine Inszenierung in dieser Nacht vollkommen verzaubert. Dass es zwischendurch sogar leicht zu nieseln anfing, schien niemanden zu stören. Der dadurch entstandene zarte, feuchte Schleier, der in der Luft wie Chiffon hing, verlieh der Atmosphäre einen morbiden Anstrich und brach das Licht der bunten Scheinwerfer: Alles wirkte auf einmal sehr geheimnisvoll, regelrecht mystisch. Einfach märchenhaft! Man berichtete über die Show in der ganzen Welt. Ich wurde sogar in Japan darauf angesprochen, wo ich eine eigene Show im Fernsehen hatte.

Mein Schloss mit Park

Meine Großmutter hatte einen riesigen Garten hinter ihrem Fachwerkhaus. Das Haus war nicht groß, wirkte aber wie eines dieser kleinen verwunschenen Tudor-Schlösser, wie man sie in der Romantik gebaut hat. Es war schon einige hundert Jahre alt, aber da meine Großmutter sich stets gut darum kümmerte, bestens in Schuss. Wenn man das Haus betrat, gelangte man über eine lange majestätische Treppe direkt in den ersten Stock. Die Räume waren klein, aber gemütlich und durch die vielen Butzenscheibenfenster mutete es an wie der Turm von Rapunzel. Zur Straßenseite bewachten zwei riesige Kastanienbäume das Haus, deren Kronen prächtig Richtung Himmel strebten. Ich mochte die Bäume, doch die Rosen waren mir am liebsten.

In Großmutters Garten wuchsen alle möglichen Sorten von Rosen: langstielige und kürzere, knallrote und pinkfarbene, weiße und sogar welche in Schwarz. Ich näherte mich ihnen vorsichtig und atmete ganz tief den schweren, verführerischen Duft ein. Meine Großmutter erzählte mir, die Tautropfen kämen von den Elfen, diese würden frühmorgens liebevoll die Rosen beträufeln. »Und die großen Wassertropfen«, fragte ich, »woher kommen die?« Großmutter meinte, das seien die Tränen, die die Elfen vergießen, weil die Menschen die Welt langsam, aber sicher zerstören würden.

»Aber zum Glück gibt es die Engel, die die Menschen beschützen«, sagte ich. Meine Großmutter nickte. Sie veranschaulichte mir durch ihren Garten, dass nichts selbstverständlich ist. Alles besteht aus Ursache und Wirkung. Großmutters Rosen hatten einen betörenden Duft. Heute haben viele Rosen keinen Duft mehr. Man hat ihnen den Duft geraubt, sie ihrer Seele beraubt. Ich frage mich oft, ob das wirklich echte Blumen sind.

Die Seele – die große Unbekannte

Damals wünschte ich mir einen eigenen Rosenstrauch und meine Großmutter versprach: »Den sollst du bekommen. Aber zuerst musst du dir überlegen, welche Rose du haben willst. Wie soll sie aussehen? Willst du eine Heckenrose, eine Stilrose, eine Buschrose, welche Farbe soll sie haben? Und du musst wissen, dass du dadurch eine Verantwortung übernimmst, du musst dich um die Rose kümmern, wie du dich auch um alles andere im Leben kümmern musst. Nimm diese Rose als Beispiel für dein Leben. Wenn du dich gut um die Rose kümmerst, wird sie blühen und dein Herz erfreuen. Wenn du sie vernachlässigst, wird sie eingehen. Von nichts kommt nichts, alles besteht aus Ursache und Wirkung.«

So habe ich gelernt, dass es das Allerwichtigste ist, dass man eine präzise Vorstellung von dem haben muss, was man im Leben erreichen und machen will. Zwischenzeitlich war viel geschehen und ich lebte in einem 2.000 m^2 großen Penthouse-Palast inmitten der besten Lage Berlins mit direktem Blick auf das Brandenburger Tor. Doch meine Seele wollte es anders. Die Seele ist der Schlüssel des Geheimnisses – sie ist allwissend. Im Urgermanischen wird das Wort Seele von »saiwaz«, dem See abgeleitet. Ich stelle mir vor, jede Seele sei als ein kleiner Wassertropfen aus diesem großen, universellen See entsprungen. Zwar getrennt vom großen See, enthält er dennoch dessen ganzes Wissen, dessen DNA. Dies bedeutet, dass wir, wenn der See Gott ist oder die Schöpfung, die allwissende Macht, die DNA in uns tragen und ebenso unwissentlich allwissend sind.

Wir sind verbunden mit der göttlichen Macht. In einer Zeit, in der die Körperlichkeit einen vorrangigen Stellenwert besitzt, hat man leider verlernt, auf die Seele zu hören. Sie ist unser Stiefkind geworden. Dabei ist sie das Wichtigste, schließlich erweckt sie den Körper zum Leben, denn ohne Seele ist der Körper wie eine Oper ohne Musik. Beginnen Sie gemeinsam mit mir, wieder auf die Stimme Ihrer Seele zu hören. Dies bedarf einiger Übung und Geduld, aber es lohnt sich allemal. Sie werden eine wundervolle Reise in Ihr eigenes Ich machen. Die Stimme Ihrer Seele ist eine sehr leise Stimme, wie eine Katze auf samtenen Pfoten. Sie ist kaum zu hören, weil sie von vielen anderen lauten Stimmen unterdrückt wird.

Wir denken, wenn etwas leise ist, ist es automatisch unbedeutsam. Das stimmt nicht. Es kann sehr viel Kraft in der Ruhe liegen, wir sollten sie nur erleben. Denken Sie an die Shaolin-Mönche, die sagen, man müsse nicht kämpfen, um zu siegen. Sie transformieren sich mit der Kraft des Denkens zu Ruhe, Klarheit und innerer Stärke, und dazu gehört auch Gelassenheit. Seien Sie gelassen!

Ein Märchenpark

Und genau das fehlte mir: Gelassenheit und Ruhe. Meine immense Bekanntheit hatte nämlich auch ihre Schattenseiten. Sobald ich mich in der Öffentlichkeit zeigte, wurde ich belagert von Fans und teilweise auch von Paparazzi. Sich einfach in einen Park oder Café zu setzen und die Seele baumeln zu lassen – Fehlanzeige. Auch für Billy King wurde die Stadt mehr und mehr zu einer Gefahr. Ich wollte wieder zurück in die Natur und so begab ich mich auf die Suche nach dem passenden Domizil. Mein Ziel war es, ein Refugium zu finden, das nicht zu klein sollte und vor allem nicht einsehbar. Es sollte sich idealerweise inmitten von einem großen oder kleinen Park befinden. Allerdings sollte sich die Suche nach solch einem Domizil als gar nicht so einfach herausstellen, weil die meisten Villen entweder direkt an die Straße gebaut oder zu groß oder zu klein waren oder einfach nicht meiner Vorstellung entsprachen.

In mir hatte sich bereits eine leichte Frustration wegen meiner erfolglosen Suche breitgemacht – es gab nur noch eine Villa mit Garten in Deutschland. Plötzlich poppte ein Fenster an meinem PC auf und ich sah eine bezaubernde und wirklich wunderschöne Villa mit grünen Fensterläden. Es war ein kleines barockes Schlösschen und ich dachte auf Anhieb: »Wow! Genau das ist es!« Wo aber befand es sich? Ich schaute nach und stieß auf den Ort Kirchheim an der Weinstraße. Wo sollte das denn sein? Bislang kannte ich nur Kirchheim unter Teck. Schnell googelte ich und stellte fest, dass es nur zehn Minuten von Worms entfernt lag, dem Geburtsort meines Mannes Dieter. Ich rief den Kontakt an und machte einen Besichtigungstermin aus. Als der Tag nahte, an dem es so weit sein sollte, wähnte ich mich bereits schon nicht mehr in Deutschland, als ich von der Autobahn abfuhr: Ich fühlte mich wie in der Toskana.

Das Haus war genauso bezaubernd, wie ich es mir vorgestellt hatte. Allerdings befand es sich in einem sehr maroden Zustand und der Park war äußerst verwildert. Dort gab es wirklich sehr viel zu tun. Ich glaube, wenige Menschen hätten sich vorstellen können, was für ein Kleinod am Ende aus diesem doch etwas in die Jahre gekommen Haus und dem sehr urwüchsigen Garten entstehen könnte.

Wir wurden handelseinig und ich organisierte einen Architekten. Dreißig Handwerker zerlegten das Haus in nur drei Wochen in sämtliche Einzelteile, gemäß dem Motto: Aus Alt mach Neu! Wir haben alles modernisiert, aber immer mit dem Fokus, dem Haus nicht seinen Charme zu nehmen. Ein halbes Jahr dauerte es, bis der Garten fertig war. In London bestellte ich Skulpturen und wir ließen Bäume aus der Toskana kommen und eine barocke Gartenanlage aus Buchs pflanzen. Inzwischen hat sich der Garten zu einem wahren Kleinod entwickelt und ist zum Ressort für allerlei Getier und für Vögel und Insekten geworden.

Die pfälzische Toskana

In Rheinland-Pfalz hat man uns sehr herzlich aufgenommen. Frau Dreyer, die Ministerpräsidentin des Landes, lud mich zum größten Event des Jahres der Fernsehaufzeichnung »Mainz wie es singt und lacht« ein. An diesem Abend war unser Bundespräsident Herr Steinmeier unser Tischherr. Es war ein ganz wundervoller Abend, an den ich mich noch immer gern erinnere. Ich erschien als Ludwig der XIV. und Herr Bundespräsident Steinmeier meinte: »Ludwig den XIV. wollte ich schon immer kennenlernen!«

Eines Tages besuchten uns auch Herr Baldauf und Frau Klöckner in der Villa. Frau Klöckner lud mich erneut zu »Mainz wie es singt und lacht ein«, im darauffolgenden Jahr war ich dann ihr Gast zusammen mit Bundesminister Peter Altmaier und Herrn Volker Bouffier, dem Ministerpräsidenten von Hessen. Mit Julia Klöckner verbindet mich eine große Freundschaft und wir haben schon viele schöne Momente zusammen erlebt. Bei ihren Geburtstagsfeiern habe ich viele interessante Künstler und Politiker getroffen, wie zum Beispiel Bundesminister Jens Spahn.

Pferde sind königliche Wesen

Nur ungefähr eineinhalb Stunden von Kirchheim an der Weinstraße entfernt liegt Baden-Baden, eine der schönsten Städte der Welt. Eine liebe Freundin von mir, Erina Prinzessin von Sachsen Herzogin zu Sachsen, war wie ich eine große Pferdenärrin. Es war deshalb naheliegend, dass wir einer Einladung zum Pferderennen folgten. Das Pferderennen ist mit Sicherheit der gesellschaftliche Höhepunkt Baden-Badens. Man trifft edle Pferde, einflussreiche Männer und bezaubernde Damen mit den skurrilsten, exzentrischen Hüten, die man sich vorstellen kann. Besonders in Erinnerung blieb mir das Zusammentreffen mit der außergewöhnlichen Lillyclaire Saran-Berghaus aus der Budweiser-Dynastie – eine hinreißend schöne und ganz besondere Dame.

Diese Begegnung war eine von vielen, an die ich dachte, als ich eines Tages in meinem Garten saß. Neben mir lag mein kleiner süßer Hund Billy King in Lauerstellung, falls ein Eichhörnchen es wagen sollte, unsere Ruhe zu stören – was durchaus vorkam. Als ich mein Leben Revue passieren ließ und immer mehr Bilder aus der Vergangenheit in mir aufsteigen, stellte ich fest, dass ich an einem Wendepunkt angelangt war. Aber nicht nur ich, sondern das ganze Land befand sich an einem Wendepunkt und in der Krise: Die Corona-Pandemie wurde ausgerufen und plötzlich waren wir im Lockdown.

Die Entscheidung

Es ist 6.00 Uhr früh und nasskalt. Wir haben bereits Oktober und ich sitze wieder einmal in meinem Garten an meiner Lieblingsstelle auf einer Bank vor einem prächtigen, eindrucksvollen Walnussbaum, mit welchem ich regelmäßig Gespräche führe und vor dem ich meditiere. Ein paar Eichhörnchen rennen schon die Äste entlang und springen so gekonnt wie Akrobaten von einem Baum zum anderen, was wiederum Billy in hellen Aufruhr versetzt.

Wir befinden uns nun schon eine geraume Weile im Lockdown und man hat das Gefühl, es geht nicht vorwärts und nicht rückwärts. Meine Geschäftspartner bedrängen mich schon, ob ich denn eine Idee hätte, wie wir PR machen können, die Menschen hätten Angst und Sorge, wie es wohl weitergehen wird.

Wie ich bereits sagte, sitze ich da und ich meditiere und lasse infolgedessen mein Leben Revue passieren. Und ich denke mir: »Jetzt bist du 56 Jahre alt. Was ist dein Plan? Willst du es so weiterlaufen lassen, wie es ist, bis du 80 oder 90 bist? Das wird sicherlich kein Problem sein. Oder möchtest du es noch einmal wissen und gibst noch mal, wie man so schön sagt, so richtig Gummi?«

Der beruflichen Frage stellte sich nach 35 Jahren auch die private Frage. Man sollte den Mut haben zu akzeptieren, wenn etwas zu Ende ist. In unserer Ehe war die Luft raus. Wir hatten unser Karma abgearbeitet und einen Punkt erreicht, an dem wir eher aus Gewohnheit als aus Liebe zusammenlebten. Es ist eine große Kunst, 35 Jahre lang immer wieder Gemeinsamkeiten zu finden und sich nicht gegenseitig abzunutzen. Aber irgendwann spätestens dann, wenn man diese Gemeinsamkeiten nicht mehr findet, sollte man eine Lösung suchen. Um diese Lösung zu finden und eine Entscheidung treffen zu können, brauchte ich jedoch Abstand.

Start in ein neues Leben

Während ich mit diesen Gedanken beschäftigt war, kam die dreizehnte Anfrage zum Dschungelcamp. Die erste Anfrage betreffs einer Teilnahme meiner Person erhielt ich aus Großbritannien für das englische Format. Danach wurde ich jedes Jahr für die deutsche Variante angefragt, war jedoch nicht bereit dazu. Es fehlte mir zum einen an der Zeit und zum anderen war das Angebot nicht verlockend: Ich wollte nicht zwischen Ratten und Schlangen mit mehreren mir unbekannten Menschen in einem Camp eingesperrt sein, wo ich wochenlang auf dem Präsentierteller lag und jeder meiner Bewegungen von allen Augen verfolgt wurde.

In der Situation, in der ich mich augenblicklich befand, kam das Angebot aber wie gerufen. Es war genau das, was ich jetzt brauchte. Auf diesem Wege bekam ich die gewünschte PR und hatte die Möglichkeit, Abstand von meiner täglichen Routine zu gewinnen, um Klarheit in meinem Kopf zu schaffen. Im Nachhinein war der Dschungel das Beste, was mir hätte passieren können. Es war eine wundervolle Zeit in der Natur, fernab von Abgasen, 5G und sonstigen Strahlen. Es hat mich enorm geerdet, mitten in der schönen urwüchsigen Natur zu sitzen. Meine Entscheidung, am

Dschungelcamp teilzunehmen, war der erste Schritt in eine neue Zukunft und ich wusste, als ich das Dschungelcamp verließ, dass jetzt ein neues Leben beginnt.

Berlin

Als ich aus dem Dschungelcamp zurückkam, stand meine Entscheidung letztendlich fest: Ich würde ein neues Leben beginnen. In Berlin mietete ich eine Wohnung und teilte meinem Ehemann mit, dass ich mich trennen würde. Mit ein paar Möbeln und meinem Hund verließ ich daraufhin die Villa und zog erneut nach Berlin. Seit zwei Jahren bin ich nun schon dort. Das erste Mal war ich 2001 von Stuttgart nach Berlin gezogen.

Meine Großmutter hat mir den Rat gegeben, mich immer zu profilieren, wenn ich in eine neue Stadt komme. Hierfür sollte man sich stets an die richtigen Menschen wenden, die richtigen Orte aufsuchen und die besten Adressen der Stadt kontaktieren. Natürlich sollte man auch das beste Hotel der Stadt als Partner wählen. Ob das Adlon nun das beste Hotel der Stadt war, bleibt offen, es war aber sicherlich das mit dem bekanntesten Namen, eine Legende. Bekanntlich habe ich ein Faible für Legenden. Deshalb ist es nicht verwunderlich, dass ich dem Adlon bis heute treu geblieben bin und immer noch viele schöne Momente und großartige Zeiten dort verbringe. Durch exklusive Modenschauen, Ladies Dinner, Pressekonferenzen, Produktpräsentationen, Ladies Lunch oder auch private Feiern ist das Adlon zu einem zweiten Zuhause für mich geworden.

Das Hotel Adlon ganz POMPÖÖS

Im Ballsaal des legendären Hotel Adlon habe ich bereits 2001 eine pompööse Haute Couture-Show organisiert. Wir verschickten damals dreihundert exklusive Einladungen, darunter auch welche, die zusätzlich zu dem anschließenden Gourmet-Dinner des Spitzenkochs und Adlon-Küchenchefs einluden. Für diese hochkarätige Show wollte ich ausschließlich Prominente auf dem Catwalk. Als Starmodel ließ ich deshalb Brigitte Nielsen aus Los Angeles einfliegen. Gina Lollobrigida freute sich, den Abend eröffnen zu dürfen und reiste dafür extra aus Rom an. Die Models des Abends waren fast ausschließlich Prominente aus Showbiz und Hochadel.

Selbst der Regierende Bürgermeister Klaus Wowereit war dabei und begleitete Gina und mich zu Beginn der Show über den roten Teppich. Als wir aus der Limousine ausstiegen, begrüßte er mich höflich, wandte sich dann aber schnell zu Gina um und gab ihr einen Handkuss. Er strahlte über beide Ohren und bekundete seine Freude, sie zu sehen.

Im Backstage-Bereich herrschte ein geradezu heilloses Chaos. Meine prominenten Models kämpften förmlich um jedes Kleid. Hatte sich eine für ein bestimmtes Kleid entschieden, fand die andere dies als besonders passend für sich selbst. Alle wollten das schönste und beste Kleid tragen. In dem ganzen Tumult konnte ich Brigitte Nielsen nicht finden und suchte sie zwischen all den diskutierenden Damen, schob Kleiderständer und Schuhkartons zur Seite, bis ich plötzlich Brigittes Stimme ganz leise aus einer Ecke hörte.

Fertig zurechtgemacht und still saß sie da. Sie trug eine Robe aus schwarzem Tüll mit goldenen Schleifen und einer roten Korsage darüber. Sie sah wunderschön aus. Brigitte Nielsen war immer perfekt – in ihrem Aussehen ebenso wie bei ihrer Arbeit. Sie reiste extra einen Tag früher an und forderte genaue Anleitungen von mir: »Soll ich lachen, Harald, oder weinen? Soll ich schauspielern?«

Viele deutsche Prominente hingegen haben eine eher passive Haltung und folgen dem Motto »Ich bin ein Star, Proben ist eher was für Anfänger.«

Brigitte Nielsen und ein kleiner Zwischenfall

Die Show war atemberaubend, auch Klaus Wowereit kam nach der Show zu mir und sagte, wie schick und tragbar er doch meine Mode fand. Während Gina, Herr Wowereit und ich uns im Saal unterhielten, hörte ich draußen im Foyer ein schrilles Pfeifen und lautes Rufen. Ich entschuldigte mich und lief schnell nach nebenan, um zu sehen, was da los ist. Da stand Brigitte Nielsen mit fast blankem Busen vor der Presse, lächelte und wurde pausenlos von den Fotografen abgelichtet und aufgerufen, sich zu ihnen zu drehen.

Brigitte hatte sich umgezogen und trug nicht mehr das Kleid der Show, sondern eine andere POMPÖÖS-Variation: einen Rock aus goldschwarzem Brokatstoff mit langem Schlitz, dazu eine schwarze Seidenkorsage als Oberteil, die eigentlich mit einer Schleife hätte zugebunden werden sollen. Aus unerklärlichen Gründen hatten die Anziehhilfen jedoch die Schleife vergessen. Schnell winkte ich Brigitte hinter die Bühne, um ihre Korsage richtig festzumachen.

Irgendwie war es rührend, wollte sie mir doch nur eine Freude machen und weitere Kombinationen meiner Kollektion der Presse vorführen. Ich drapierte einen Chiffonschal um sie, der ihren Hals und ihr Dekolletee bedeckte. Es sah toll aus. So konnte sie wieder vor die Presse treten. Diese berichtete am nächsten Tag über den kleinen Fauxpas. »So ein

Dekolletee hat Berlin schon lange nicht mehr gesehen«, schrieb die Berliner Zeitung.

Auch unser Dinner nach der Show brachte kleine Zickereien hervor, weil nur auserwählte Gäste für das mehrgängige Menü vorgesehen und eingeladen worden waren. Einigen Herrschaften, die kurz zuvor noch meine Show gesehen hatten, passte dies offenbar nicht. Sie beklagten sich lautstark in der Hotellobby, wobei eine Dame sogar eine hoffnungslose Diskussion mit der Security führte.

Der Spiegel erklärte den Gefühlsausbruch der Damen und Herren wie folgt: »Diejenigen, die es geschafft hatten, eine Einladung zu Harald Glööcklers After-Show-Dinner im Adlon zu ergattern, können sich nun zur neuen Berliner Gesellschaft zählen.« Wir wollten mit dieser Show Aufmerksamkeit erreichen und ein Zeichen in der deutschen Hauptstadt setzen, was uns letztendlich auch gelungen war.

Revue

Unter den Gästen meiner Show im Adlon war auch der Intendant des Friedrichstadtpalastes. Wir erhielten durch ihn eine Anfrage vom größtem Revuetheater Europas, ob ich die traditionelle Weihnachtsrevue für das Jahr 2002 mit POMPÖÖS ausstatten könne. Das bedeutete im Klartext, dreihundertfünfzig Kostüme für das Ballett des Friedrichstadtpalasts zu entwerfen.

Sofort sagte ich zu. Nur einmal war ich bislang im Friedrichstadtpalast gewesen. Die klaren geometrischen Formen, den ausgelegten weichen Teppich, die breiten, großen Treppen, das verschnörkelte Geländer und die bunten Fenster bewunderte ich schon damals. Auch besitzt der Palast bis heute die größte Theaterbühne der Welt. Hierfür die Kostüme ausstatten zu dürfen, war eine große Ehre für mich.

Die Aufgabe war aber auch eine besondere Herausforderung, denn die Tänzer des Ensembles sollten am Ende nicht nur wunderschön aussehen, sondern auch all ihre akrobatischen und tänzerischen Darbietungen in meinen Kreationen durchführen können. Das bedeutete, ich musste hier besonders eng mit dem sechsköpfigen Couture-Team des Balletts zusammenarbeiten.

Um mir einen Überblick über die Kostüme der letzten Jahre zu verschaffen, besorgte ich mir einige verschiedene Bücher über Theater- und Operninszenierungen. Die Kostüme waren allesamt schön und fantasievoll, doch mir fehlte eindeutig Sexappeal und eine Form von Leichtigkeit. Ich wollte die Tänzerinnen jung, frech und sexy kostümieren, mit viel Bein und Brust, ein Hauch von Lido in Paris.

Das Budget, das mir zur Verfügung stand, war deutlich unter dem, was ich für meine Kreationen eigentlich benötigt hätte. Doch auch hier wäre ich nicht ich, würde ich auch aus dieser Situation nicht das Bestmögliche machen.

Schachballett im Friedrichstadtpalast

Einer meiner ersten Entwürfe war ein Schachballett, welches enge Kostüme aus schwarzer und weißer kostbarer Seide beinhaltete. Ich konnte dafür keinen anderen Stoff wählen, da nur Seide die Ausstrahlung hatte, die mir für dieses Bild besonders wichtig war. Aufwendige Kopfbedeckungen wie Pferdeköpfe, Kronen und Turmspitzen durften natürlich nicht fehlen, um das Gesamtkunstwerk abzurunden.

Immer wieder das Budget im Hinterkopf, musste ich bei einer Ballszene mit ausladenden Roben auf Polyester-Chiffon zurückgreifen. Ich kaschierte raffiniert die günstigere Variante, indem ich die Röcke plissierte. So entstand eine traumhaft voluminöse Struktur.

Nicht nur die Kostüme waren Teil meiner Aufgabe, auch die Frisuren und das Make-up sollten nach meinen Vorstellungen umgesetzt werden. Obwohl ich schon zahlreiche Events und Shows hinter mir hatte, war ich ziemlich aufgeregt, als ich mit Brigitte Nielsen in der Limousine saß. Ich wusste, welch harte Arbeit ich geleistet hatte und wie sehr ich meine Kostüme am Ende lieben würde. An diesem Abend ging es primär darum, dass die Kostüme auch dem Publikum gefallen mussten. Und sie taten es: Rund zweitausend Gäste applaudierten und gaben nur bei mir Standing Ovation, als wir nach der Revue hintereinander auf die Bühne gerufen wurden. Sogar das Tanzensemble schien mich ins Herz geschlossen zu haben. Die Tänzer und Tänzerinnen umarmten mich und bedankten sich für meine prachtvollen Kostüme. Auch die Kostümbildnerin, mit der ich mich in den vergangenen Monaten immer besser verstanden hatte, gratulierte mir herzlich. Die Anerkennung meiner Arbeit hielt noch wochenlang an. Ich wurde von Passanten auf der Straße auf meine Kostüme der Revue angesprochen und überaus gelobt.

Westwood Lagerfeld – Glööckler

Als ich Ende Januar 2003 neben dem Multimilliardär und Unternehmer Sir Richard Branson den B.Z.-Bären, den Kulturpreis der Berliner Zeitung, für meine Arbeit im Friedrichstadtpalast überreicht bekam, war ich hin und weg. Diesen Preis bekommen nicht viele Modedesigner. Tatsächlich wurde er in den letzten zwölf Jahren nur zwei anderen Kollegen verliehen: Vivienne Westwood und Karl Lagerfeld. Und nun durfte ich mich als Dritter in diese exzellente Gesellschaft einreihen.

In seiner Ansprache sagte der B.Z.-Chefredakteur Georg Gafron, dass er Harald Glööckler den Kulturpreis der B.Z. dafür verleihe, weil er durch seine Mode und Kreationen Berlin im Ausland seine Eleganz zurückgegeben habe. Neben einem Strauß weißer Rosen und einem barocken Engel fand die kleine Bärenstatue ihren Platz bei mir zuhause und sollte mir ab sofort auch Glück bringen.

Paläste

Meine neue Wohnung befindet sich im Herzen Berlins. Ich lebe in einem regelrechten Palast, der mich an einen Pharaonentempel erinnert. Alles ist in Weiß und Gold gehalten, die raumhohen Fenster wirken majestätisch. Manchmal denke ich, dass mir nur noch der Nil fehlt, um das Bild vervollständigen zu können.

Weit entfernt ist Ägypten tatsächlich nicht für mich, weil sich nur wenige hundert Meter entfernt von meiner Wohnung die weltbekannte Museumsinsel mit dem Ägyptischen Museum befindet. Das Museum verfügt über eine der weltweit bedeutendsten Sammlungen an Skulpturen und Objekten der ägyptischen Hochkultur aus allen ihrer geschichtlichen Epochen. Der absolute Liebling der Besucher aus aller Welt ist hierbei die von James Simon übereignete Büste der Königin Nofretete. Neben dem Ägyptischen Museum befindet sich der Berliner Dom mit der dynastischen Grabstätte der preußischen Königsfamilie.

Wenn ich aus dem Fenster blicke, sehe ich außerdem das Brandenburger Tor und die Friedrichstraße. Auf dieser befindet sich ein Luxustempel der besonderen Art: Die Galeries Lafayette bietet alles, was das Herz begehrt. Ich liebe diesen Ort und pflege seit Jahren eine sehr enge Beziehung zu ihm.

»Vive la maîtresse«

Vor einigen Jahren wurde ich von Thierry Prévost, dem Geschäftsführer der Galeries Lafayette, eingeladen, in der Berliner Filiale eine Modenschau zu präsentieren. Prévost und Frankreichs Botschafter Claude Martin waren die beiden Gastgeber des Abends. Als ich mich einige Zeit zuvor auf Einladung in der Pariser Filiale zeigte, war man wohl von meinem Stil äußerst angetan, sodass man mich nun mit ansonsten ausschließlich französischen Designern für diese Show anfragte. Meine Kollektion hätte genauso gut ins Schloss Versailles gepasst. Unter dem Motto »Vive la maîtresse« zeigte ich weite Röcke, verführerisch enge Korsagen und tiefe Dekolletees. Als Kontrast trugen einige Models kurze Hosen.

Der Name der Kollektion entstand sehr spontan. Als ich schließlich meine Models in meinen Kreationen auf dem Laufsteg sah, dachte ich an meinen Traum vom Ball im Schloss von Versailles, den ich schon als Kind so oft hatte. Jetzt war dieser Traum zumindest ein wenig wahr geworden. Die Show war perfekt, sie wäre nur noch perfekter geworden, wenn sie im echten Versailler Schloss stattgefunden hätte. Die würde aber auch noch folgen. Da war ich mir sicher.

Um mich auf den Abend einzustimmen, lud man mich ins Haupthaus der Galeries Lafayette nach Paris ein. Man brachte mich dort im Intercontinental Grand Hotel unter, welches unmittelbar neben der Pariser Oper thront. Von meinem Himmelbett aus konnte ich durch drei Meter hohe Fenster direkt auf die Oper blicken. Als ich am Morgen im Bett sitzend mein köstliches Croissant mit meiner geliebten Orangenmarmelade und einem schönen, heißen duftenden Kaffee einnahm, war die Welt einfach in Ordnung.

Luxuriöses Leben in Paris

Nirgends gibt es köstlichere Croissants als in Paris. Ob es an Paris oder den Croissants liegt, sei dahingestellt, aber die Pariser haben in Sachen Croissants den Dreh raus. In allen kreativen Belangen denkt der Franzose groß und größer, wie es sich als Erbe Ludwigs XIV. und dem Bürger Frankreichs der Grand Nation gebührt. Und Modemachen ist eine Staatsangelegenheit. Als ich aus dem Fenster meines Hotels blickte, bekam ich den direkten Beweis dafür: Direkt an der Treppe der weltberühmten Opera Garnier befand sich ein Abfallkorb, der überquoll von Müll. Direkt daneben stand die Einkaufstüte einer französischen Luxusmarke. Das haute mich um. Das war Paris und seine Selbstverständlichkeit, Luxus zu leben.

Vor dem Hotel wartete schließlich eine Limousine auf mich, um mich in die heiligen Hallen der Galeries Lafayette zu chauffieren. Dem Anlass entsprechend hatte ich mich französisch gekleidet und trug einen sehr schicken schwarzen Yves Saint Laurent-Mantel mit goldenen Knöpfen im Uniformstil und eine schwarze Hermes Birkin Bag. Als ich aus der Limousine stieg, grüßte mich eine Gruppe sehr gut aussehender französischer Polizisten, sie meinten, ich sei »très chic«. In Paris sehen selbst die Polizisten aus wie Models. Ich dankte artig und betrat die Galeries Lafayette. Am Eingang wurde ich bereits zur großen exklusiven Führung erwartet. Als ich im Innern der heiligen Hallen stand, fühlte ich mich wie Alice im Wunderland. Es war zur Weihnachtszeit und alles war wahrhaft pompöös dekoriert. Es glitzerte und funkelte, wohin das Auge nur blickte. Die Geschäftsführung gab sich die allergrößte Mühe und führte mich durch die Räume und Geschichte der Galeries Lafayette. Oben im Büro der Geschäftsführung angelangt, zeigte ich die Entwürfe meiner Kollektion, welche ich in Berlin zu zeigen plante, und man war auf Anhieb begeistert. Eine derartige Opulenz und Kreativität hatte man offensichtlich noch bei keinem anderen deutschen Designer gesehen und offensichtlich auch gar nicht erwartet. Man sagte mir, meine Arbeit sei absolut fantastisch.

Am Abend hatte ich dann noch ein Dinner mit Freunden im Hotel Ritz, bevor ich dann am anderen Tag nach Berlin zurückflog. Am Tag der Show lag die gewohnte Hektik in der Luft und mein exzentrisches Make-up und meine ausladenden Frisuren brachten so machen in Bedrängnis, um nicht zu sagen: an seine Grenzen. Die Show vor geladenen Gästen war ein Riesenerfolg. Standesgemäß ließ man den Abend im Untergeschoss der Feinkostabteilung der Galeries Lafayette mit Hummer, Austern und anderen Leckereien ausklingen.

St. Moritz so pompöös wie …

Eines Morgens kam ein Anruf aus der Schweiz und der Herr am anderen Ende der Leitung fragte vorsichtig nach, ob ich mir vorstellen könne, eine Vernissage mit meinen Gemälden und eine Show im berühmten Badrutt's Palace Hotel in St. Moritz zu zelebrieren.

Wenn man in St. Moritz von »Champagnerklima« spricht, dann meint man das Klima, das so trocken ist wie ein trockener Champagner. Wer nach St. Moritz reist, trinkt den Champagner wie andere das Wasser. Hier trifft sich der Jet-Set, also die Reichen und die Schönen. Hauptattraktion im Winter ist der Snow Polo World Cup St. Moritz. Doch der Sport an sich spielt hier eher eine nebensächliche Rolle, zumindest bei den weiblichen Besuchern. Die betuchten Damen schmücken und stylen sich hier nämlich in wahrer Konkurrenz zueinander.

Doch kommen wir zurück zu unserer Einladung vom Badrutt's Palace Hotel, dem Fünfsternepalast in St. Moritz. Man fragte mich, ob ich für die kommende Skisaison eine Haute Couture-Show gestalten könne. Das Badrutt's Palace Hotel in St. Moritz gehört zu den teuersten und luxuriösesten Hotels. Wer hier residiert, hat Geld, Geld und nochmals Geld. Um dieses verwöhnte Publikum zum Staunen zu bringen, musste ich also richtig dick auftragen. Unter dem Motto »Schneewittchen auf Eis« ließ ich Brigitte Nielsen als böse Königin und Ariane Sommer als schönes Schneewittchen einfliegen. Meine Models sollten meine prächtige Mode mit Schlittschuhen auf einem Eisbahnlaufsteg vorführen. Doch meine Idee war logistisch aufwendiger, als sich der Manager des Hotels das vermutlich gedacht hatte. Dreißig Meter lang und fünf Meter breit war der Eisbahnlaufsteg, für dessen Aufbau sogar der Speisesaal drei Tage geschlossen werden musste. Tatsächlich könnte man mit so einer Aktion anwesende Hotelgäste vergraulen, doch wie ich nach meiner Ankunft hörte, ließ sich der Hoteldirektor bewusst darauf ein, um neue, jüngere Gäste zu gewinnen.

So glamourös wie meine Show sollte ebenso mein Auftreten bei der Ankunft sein. Ich hatte extra einen Mantel aus goldenem Stepp entworfen, der wie pures Gold wirkte. Kragen und Saum waren aus weißem falschem Nerz. Dazu trug ich wie immer an jedem Finger glitzernde Ringe in gigantischer Größe und Perlen in Hülle und Fülle. Ich fühlte mich wie ein wahrhaftiger Prinz.

Der Direktor hatte es sich nicht nehmen lassen, mich bei Ankunft persönlich zu begrüßen. Überall im Hotel lagen Bücher aus, die speziell für unsere Modenschau gedruckt worden waren – mit mir auf dem Cover, als Werbeaktion für die große Show. Das freute mich sehr.

Wir bekamen eine luxuriöse Suite mit wunderbarem Blick auf die glitzernde Schneelandschaft von St. Moritz. Doch Zeit zum Ausruhen hatten wir aber nicht wirklich, denn langsam schneiten die Kleider und die Models und Schlittschuhläuferinnen herein.

Als wir vor meiner Ankunft die Anfrage des Hotels erhielten, ob eine namhafte Luxusmarke ihren Schmuck auf meiner Show ebenfalls präsentieren dürfe, lehnte ich ab. Meine Mode ist immer ein Gesamtkunstwerk, inklusive Schmuck, Schuhe und anderen Accessoires. Wer ein Outfit auf einer meiner Shows sieht, soll sicher sein, dass auch alles von POMPÖÖS ist. Das Thema Schmuck ließ mich nicht mehr los. Wie konnte ich in einem schicken Skigebiet Champagner trinkende Frauen, die von Kopf bis Fuß wertvollen Schmuck trugen, noch beeindrucken? Was wäre noch exklusiver? Meine Idee: Ganzkörperpuder aus echtem Gold und echten Diamanten. Es war dekadent, keine Frage, doch es sah unglaublich luxuriös aus.

Die Show übertrumpfte alles, was man bis dato an Modenschauen gesehen hatte.

Brigitte Nielsen trug ein gigantisches, feuerrotes Kleid, Ariane Sommer wurde als Schneewittchen in einem gläsernen Sarg von Zwergen in den Saal getragen. Das absolute Highlight war wohl unser Prinz, der auf einem Schimmel einritt. Fernsehteams aus Deutschland, der Schweiz, Frankreich und Österreich waren gekommen, dazu viele internationale Journalisten von Magazinen und Zeitungen. Die Show erhielt nicht nur bei der Presse große Resonanz, auch das Publikum war begeistert. Wir hatten vor allem junge Leute erreicht, so wie es sich der Hoteldirektor gewünscht hatte. Das Badrutt‘s Palace fand wohl nicht nur meine Show extravagant und besonders, sondern auch mich als Person.

Nur wenige Tage später flog ich erneut nach St. Moritz, dieses Mal mit meiner Freundin Gina Lollobrigida. Wir waren als Stargäste zu einer Gala eingeladen. Mit einem Privatjet kamen wir in St. Moritz an und wurden standesgemäß mit einem Rolls-Royce zum Palace gebracht. Es war diesmal alles eine Stufe pompööser. Es gab Kaviar, Champagner und bewundernde Blicke.

Man reservierte für uns einen reichlich gedeckten großen Tisch, an dem eigentlich zehn Leute Platz gefunden hätten. Auf der Gala wartete schon das nächste Blitzlichtgewitter auf uns. Gina und ich hatten uns für den Auftritt ganz besonders gekleidet. Ich wählte einen weißen Maharadscha-Anzug aus Brokat mit vielen Perlen und Gina trug ein schwarzes Paillettenkleid mit weißen Blumen, eine Federboa und schöne Juwelen. Wo wir auch auftauchten, wurden wir verehrt und fotografiert.

Hotel Ritz Carlton Berlin

Meine Schneewittchen auf Eis-Show in St. Moritz sprach sich schnell herum, weswegen auch das Ritz-Carlton in Berlin darauf aufmerksam wurde und die Show als legendär befand. Der Hoteldirektor des Fünfsternehauses am Potsdamer Platz wünschte sich zur Eröffnung des Hotels genau eine solche Show. Ein Laufsteg aus Eis und Schlittschuhläuferinnen allein genügten mir allerdings nicht, das hatten wir ja bereits. Ich brauchte etwas, was das Vorherige noch übertraf und suchte nach einer Verbindung meiner Mode zum Hotel.

Dann erinnerte ich mich an meine vielen Reisen nach Paris, die ich in den letzten Jahren gemacht hatte. Dort residierte ich oft im Ritz-Carlton. Ich bin immer beeindruckt und fasziniert von all dem Luxus und der prachtvollen Einrichtung. Schon beim Eintreten in die Lobby hat man das Gefühl, in einer anderen Welt zu sein. Überall duftet es nach orientalischem Parfüm. Es liegen kostbare Teppiche auf dem Boden, Stühle und Sessel, überzogen aus feinstem Brokat im Stil des Rokokos, schmücken jedes Zimmer.

Während ich eines Abends an der Hotelbar saß, blickte ich so durch den Raum und bewunderte all den Luxus. Man fühlt sich dort richtig in die Zeit des Rokokos zurückversetzt: zarte, feine, glänzende Gardinen in einem hellen Rosa neben schweren beigefarbenen Vorhängen, zusammengebunden mit festen

Kordeln, schwere Kronleuchter und ein weiß marmorierter Kamin. Mit der Erinnerung kam plötzlich eine Idee: Ich wollte die Geschichte, die Zeit des Rokokos und den Luxus des Hotels aufgreifen und wie konnte ich das besser zeigen als mit Kleidern aus den grandiosen Stoffen des Ritz-Carlton! Der begeisterte Direktor ließ sofort alle Original-Vorhang-, Bezugs- und Möbelstoffe liefern, darunter auch welche aus dem Ritz in Paris und London. Meine Roben waren genauso edel und glamourös wie das Ritz-Carlton.

Eine Show, die ins Wasser fiel

Das Hotel wünschte, dass die Show draußen stattfinden sollte. Ich bin bei sowas immer etwas vorsichtig, da man nie genau wissen kann, was Petrus vorhat. Das Hotel bestand aber darauf. So kooperativ die Leute vom Ritz waren und mich in jeder Hinsicht unterstützten – an eine Überdachung für den Laufsteg hatte niemand gedacht.

Und so kam es, wie es kommen musste: Am Eröffnungstag goss es in Strömen. Als die Gäste, darunter der ehemalige Bundespräsident Walter Scheel und seine Frau Barbara, mit den Füßen knöcheltief in den Pfützen standen, sah nun auch der Hoteldirektor ein, dass eine Show im Freien nicht möglich war. Diese abzusagen, war aber ebenfalls undenkbar, schließlich kamen viele Gäste und hatten nicht nur ihre Zeit geopfert, sondern auch ihre Kleidung. Die Gäste wurden ins Trockene gelotst und machten schöne Flecken auf dem noch unbenutzten edlen Teppich in der Hotellobby. Das komplette Foyer, inklusive der Treppe, war voll mit Menschen. Es musste etwas passieren, ganz schnell. Als hätte ich es geahnt, hatte ich zum Glück noch Schuhe für die Models eingepackt. Als ich aus dem Nebenzimmer Gesangsübungen hörte, hatte ich eine Idee. Taco Ockerse, ein niederländischer Sänger, der durch seine Coverversion von »Puttin' On the Ritz« Erfolge feierte, machte sich für seinen Auftritt warm. Als ich ihm von meiner Idee berichtete, machte er sofort mit. Die Ton- und Lichttechniker wurden auch informiert, dann konnte es losgehen.

In ihren edlen Roben schritten die Models die Marmortreppe hinunter und schafften sich einen freien Weg durch die Gäste. Vorneweg der singende Taco. Die Show verlief nicht wie geplant, glamourös inszeniert ist vermutlich auch etwas anderes, aber kreativ und außergewöhnlich war sie allemal.

Angel Award Christmas Gala

In meinem Leben bin ich wahrscheinlich öfter umgezogen als andere Menschen ihre Wäsche wechselten. In Berlin angekommen, residierten wir erst einmal sechs Monate im Hotel InterContinental in einer Suite. Dann mieteten wir eine möblierte Wohnung in der Uhlandstraße. Unser Showroom befand sich zu dieser Zeit im Modecenter Berlin. Kurze Zeit später entdeckte ich eine wunderschöne, barock eingerichtete Wohnung in der Pfalzburger Straße, welche einer Prinzessin gehörte. Diese Wohnung besichtigte ich und wir zogen um.

Dann verliebte ich mich in den Bezirk Dahlem und dachte, das sei eine gute Adresse und es kam, wie es kommen musste. Erneut zogen wir um, diesmal in eine kleine Wohnung nach Dahlem, um ein Jahr später wieder zurückzuziehen in die vorherige Wohnung in der Pfalzburger Straße, welche der Prinzessin gehörte. Zwischenzeitlich mussten wir innerhalb des Modecenters von Haus 1 in Haus 2 umziehen.

Eines Tages berichtete mir eine liebe Freundin von einer wunderschönen Wohnung, die in der Düsseldorfer Straße gelegen und mit einer grünen Marmorküche und einem großen weißen Marmorbad ausgestattet war. Diese Wohnung war absolut luxuriös und es verkehrten Gäste wie Bonnie Tyler und der russische Gesandte als meine Gäste zum Essen. Endlich hätte alles gut sein können, wäre nicht in der

Wohnung über uns ein Wasserrohrbruch entstanden, der mir die Wohnung verleidete.

Also stand ein weiterer Auszug an, diesmal in die Heerstraße in eine wunderschöne Maisonette-Penthouse-Wohnung fantastischem Ausblick. Diese Wohnung war die erste nichtmöblierte. Es machte mir großen Spaß, sie komplett neu einzurichten – ich war total in meinem Element.

Das Herzstück der Wohnung bildete ein 15 Meter langes, 8 Meter breites und 5 Meter hohes Atrium. Nachdem wir uns eingelebt hatten, teilte uns der Vermieter mit, dass sich einen Stock tiefer eine große und sehr repräsentative Gewerbewohnung befinde. Er fragte, ob diese nicht interessant für uns sei. Die Fahrerei durch die ganze Stadt kostete uns inzwischen jeden Tag nahezu zwei Stunden und so entschieden wir uns kurzerhand dafür, aus dem Modecenter in die Heerstraße auszuziehen.

Mein Award, um die Frauen zu ehren

Von diesem Moment an wurde unser Domizil zu einem Hotspot. Besonders interessant waren unsere legendären »Angel Award Charity Christmas Parties«, in welchen ich Damen für besondere Leistungen und ihre Vorbildfunktion auszeichnete. Die Liste der Ausgezeichneten liest sich wie ein Who is Who: Bonnie Tyler, die Weather Girls, Brigitte Nielsen, Nastassja Kinski, Liz Hurley und Gina Lollobrigida.

Während einer meiner legendären »Angel Award Christmas Parties« kam Herr Kromschröder, der Geschäftsführer von ITV Deutschland, auf mich zu und teilte mir mit, er habe Interesse daran, einen Exklusivvertrag abzuschließen mit dem Ansinnen, Dokus und Fernsehproduktionen mit mir zu realisieren. Kurz danach folgte eine Reise nach London zu

ITV London und ich bekam meine erste Doku, die »Harald Glööckler, Prince of Fashion«. Diese wurde allerdings von ITV London in Berlin und London gedreht und im englischen Fernsehsender Living mit sehr großem Erfolg ausgestrahlt. Ich hätte niemals erwartet, meine erste Doku in England zu bekommen, aber es war für meine Karriere bezeichnend. Mehr als einmal bedurfte es eines Anschubs aus dem Ausland, damit man in Deutschland auf mich aufmerksam wurde.

Man kann durchaus sagen, dass an diesem Ort unsere Geschichte in Berlin richtig Fahrt aufnahm. Überhaupt denke ich, dass ich meine beste Zeit in Berlin hatte. Berlin verfügte über eine magische Ausstrahlung auf die ganze Welt. Angelina Jolie und Brad Pitt waren sehr oft in Berlin zu Gast. Ich erlebte Dinner mit Nicolas Cage und es konnte einem passieren, dass man am Buffet eines Events stehend nach links schaute und einen plötzlich Jerry Hall anlächelte. Berlin war offensichtlich eine Reise wert.

Harald Glööckler zieht um

Mit einem erneuten Umzug nach Berlin-Mitte ging eine Ära zu Ende. Ein Neuanfang ist immer etwas Wunderbares. Nach elf Jahren Residenz in Charlottenburg, in welchen ich rauschende Feste feierte und viel erreichte, wurden die Wohnung und der Showroom aufgegeben und nun hieß es nicht »ab durch die Mitte«, sondern »ab nach Mitte«. 300 Bilder, fast 100 Sessel und Stühle, 30 Sofas, 100 Spiegel und 40 Kronleuchter wurden mit Hilfe von rund 20 Umzugshelfern verpackt. Was andere in drei Wochen erledigten, schaffte ich in drei Tagen. Man sah aber auch, wie viel man besaß und wie viele Schätze sich in den letzten Jahren angesammelt hatten.

Neben dem ganzen Chaos mussten die Geschäfte an diesen Tagen aber trotzdem weitergehen. Mit diesem Umzug erfüllte ich mir einen Lebenstraum. Ein eigener Showroom plus private Wohnfläche auf über 1.400 Quadratmetern im Herzen Berlins, genau gesagt Unter den Linden.

Neben dem modernen Gebäude faszinierte mich aber vor allem die geschichtsträchtige Lage. Der 1905 fertiggestellte, monumentale Dom am Lustgarten brachte den Geltungsdrang des Wilhelminischen Kaiserreiches auch architektonisch zum Ausdruck. Unter den Linden war im 16. Jahrhundert ein von Kurfürst Johann Georg angelegter Reit- und Jagdweg. Achtzig Jahre später wurde der Weg befestigt und mit Nussbäumen und Linden bepflanzt. Auf der südlichen Straßenseite befindet sich der spätklassizistische Bau des Kronprinzenpalais, welches lange dem preußischen Herrscherhaus als Stadtpalais diente. Im Prinzessinnenpalais, das auch bekannt ist als Opernpalais, wohnten bis 1918 Mitglieder der königlichen Familie.

Und hier wohnte ich nun. Mein neues Domizil ging über zwei Etagen: Es reichte von der Penthouse-Wohnung mit gigantischem Wintergarten bis in den Showroom der Etage darunter, in welchem ich meine Modelle ausstellte, und ging dann weiter bis zu einem Maisonette-Penthouse auf der gegenüberliegenden Seite, welches als Galerie für meine Gemälde und Skulpturen diente.

Ein weißer Flügel

Noch bevor überhaupt auch nur irgendein Möbelstück in meinem neuen Showroom eintraf, wusste ich, wo alles am Schluss stehen soll. Jedes Detail war vor meinem inneren Auge bereits festgelegt. Alles im Wohnbereich sollte in Weiß und Gold erstrahlen. Natürlich durfte im neuen Palast ein Flügel nicht fehlen, da ich unter meinen Freunden den einen oder anderen Star habe, der bei meinen Festen kurzfristig mal eine Gesangseinlage abliefert. Es war allerdings gar nicht so leicht, einen weißen Flügel zu finden, aber auch hier wollte ich farblich keine Ausnahme machen. Wenn Weiß in meinem Haus dominieren sollte, dann musste auch alles weiß sein – auch der Flügel. Da Flügel in Deutschland nur sehr selten gekauft werden und die meisten – was schreibe ich – alle Flügel nur noch in Schwarz verfügbar waren, war für mich wieder mal klar: Ich möchte anscheinend immer genau das Gegenteil von dem, was der Rest der Deutschen will.

Es war eine Tortur. Doch wir hatten Glück. Vor Kurzem, als ich zufällig beim Durchzappen den Eurovision Song Contest sah, war ich ganz begeistert von dem weißen Flügel eines Sängers, der für Italien angetreten war. Und nun gehörte dieser weiße Flügel mir. Es war ein Traum von einem Instrument. Mein Palast glänzte in einer Mischung aus Moderne und Barock. Ich liebte die Kombination aus modern und antik. Alle meine Sessel und Stühle waren nun in Weiß und Gold gehalten. Bombastische Gemälde in goldenen Rahmen zeigten mich als Ludwig XIV., einzelne Wände waren bestückt mit braunem, samtigem Kunstpelz.

Englische Chesterfield-Sessel in Silber luden zum Verweilen ein. Zahlreiche deckenhohe Spiegel in schwarzen und weißen barocken Rahmen zierten die Wände, Engelsfiguren, goldene Vitrinen, viele Kronleuchter und mehrarmige Kerzenständer schmückten die Räume. Große Engelsstatuen in Silber und Gold zierten den modernen Wintergarten. Der Ausblick von oben war gigantisch. Man blickte auf das Brandenburger Tor, auf die Friedrichstraße und Unter die Linden. In diesem Maisonette-Penthouse sowie im Showroom wirkten meine Gemälde und Skulpturen fantastisch.

Geburtstage und andere Katastrophen

Mein Geburtstag stand an. Für mich kein Grund zum Jubilieren. Geburtstage sind eine Zumutung. Aber meine Freunde waren da anderer Meinung, denn sie wollten meinen Geburtstag gebührend feiern. Zudem hatte bislang noch niemand von unseren Freunden unsere neuen Räumlichkeiten gesehen. Für rund zweihundert Gäste sollte es ein exzellentes Dinner geben. Doch bevor dieses am Abend beginnen konnte, gab es noch viel zu erledigen.

Meine langjährige Freundin Laura, meine persönliche Astrologin, die ich noch aus Stuttgarter Zeiten kenne, kam, um die Zimmer zu reinigen. Sie prüfte jeden Raum einzeln auf seine Energien, sprühte hier und da etwas von ihrem Elixier in die Ecken und befreite diese von jeglichem Bösen. »Die Räume haben gute Energien«, sagte sie. Das hörte ich gerne. Ich glaube schon immer an Esoterik. Wer viel gibt, bekommt auch viel zurück. Zum Abschluss legte Laura mir noch meine persönlichen Karten, woraufhin der Abend beginnen konnte. Die Bar vor dem Wintergarten war geschmückt mit weißen Hortensien und Ranunkeln.

Gläser und Champagner standen für den Empfang bereit. Dann kamen meine Gäste und Freunde. Es ist mir wichtig, dass mich meine Freunde in entscheidenden Momenten begleiten. Es gibt nur wenige gute Freunde im Leben, mit denen man durch dick und dünn gehen kann. Rita brauchte für den Abend noch schnell ein Kleid und wählte einen Traum in Pink aus meiner Kollektion. Sie sah toll aus.

Während wir uns bei einem Glas Champagner unterhielten und ich meine Gäste in Empfang nahm, wurden Häppchen serviert und reichlich Fotos gemacht. Danach ging es hinunter an die gedeckte Tafel.

Eine Tafel wie zu Kaisers Zeiten

Ich war schon immer fasziniert von opulent gedeckten Tischen, geschmückt mit üppigen Blumensträußen, Kerzenständern und feinstem Porzellan. Gemeinsam mit der renommierten Firma Seltmann Weiden und Königlich Tettau entwickelte ich daher eine luxuriöse Porzellanserie unter dem Label POMPÖÖS designed by HARALD GLÖÖCKLER. Wie heißt es so schön: Das Auge isst mit. Und damit ist nicht nur das Essen gemeint, welches man geschmackvoll zubereiten sollte, sondern auch das Geschirr.

Schon Anfang des 19. Jahrhunderts galt feinstes Porzellan bei Hofe als Ausdruck vollendeter Tischkultur. Königlich Tettau ist die älteste Porzellanfabrik Bayerns und wurde 1794 unter Mitwirkung des berühmten Naturforschers Alexander von Humboldt gegründet.

Unsere Linie besteht aus großen weißen Tellern, Tassen, Kaffee- und Teekännchen, Schalen und Vasen besetzt mit der goldenen Krone und edlen goldenen Ornamenten am äußeren Rand, die an einen Pharaonenpalast erinnern. Aber auch farbenprächtige Tassen und Zuckerdosen mit Blumenverzierungen lassen jeden Tisch königlich glänzen. Als Schmuckstück für mein Zuhause ließ ich mir im Zuge dessen eine Statue aus Porzellan anfertigen, die mich als reitenden Napoleon auf einem Schimmel zeigt.

Dieses Porzellan wollte ich meinen Gästen nicht vorenthalten. Sie sollten essen wie Prinzessinnen und Prinzen und an einer Tafel sitzen, die verziert war mit weißen prächtigen Blumenarrangements, Kristallkerzenständern und meinem feinsten Porzellan. Dort lagen gefaltete Servietten und liebevoll dekorierte Tischkärtchen. Die Tafel und meine Gäste strahlten um die Wette. Bevor die Gänge nacheinander serviert wurden, sang ein Counter Tenor eine Arie und verzauberte uns alle damit. Man bemerkte sogar die einen oder anderen feuchten Augen in der Runde.

Es war ein fantastischer Abend. Es wurde gelacht, getrunken und gespeist. Alle fühlten sich wohl und einige meinten, dass sie durch mich inspiriert worden seien und jetzt auch ihre Wohnung umgestalten wollten.

Für viel Aufsehen aber sorgte mein Stargast an diesem Abend. In einem bodenlangen aprikotfarbenen Kleid mit funkelnder Perlenkette brachte Brigitte Nielsen den Glanz Hollywoods in mein Zuhause. Models führten meine barocken, farbenfrohen und üppigen Roben vor und machten damit die Eröffnung zu einem prunkvollen Ereignis. Es war ein rauschendes Fest mit dekadenten Häppchen, Champagner und jeder Menge Glanz und Gloria.

Ein Fernsehsender strahlte darüber eine zweistündige Dokumentation mit dem Titel »GLÖÖCKLER zieht um« aus. Es war ein grandioser Erfolg. Ich hätte vor Freude die ganze Nacht tanzen können.

Tanzende Prinzessinnen

Als ich 2010 gefragt wurde, ob ich neben Motsi Mabuse, Peter Kraus und Joachim Llambi Teil der Let's Dance-Jury sein möchte, habe ich gerne zugesagt. Ich liebe Tanzen. Es öffnet nicht nur Körper und Geist, sondern es ist auch etwas, was das Leben unbeschwerter macht. Man fühlt sich beim Tanzen wundervoll frei und gelöst. Natürlich wurde ich nicht deshalb als Jurymitglied gewählt, um den Kandidatinnen und Kandidaten zu sagen, wie sie welche Schritte zu tanzen haben, davon habe ich keine Ahnung. Das war nicht meine Aufgabe. Für diese waren andere zuständig.

Den nötigen Glamour in die Jury brachte aber ich, vor allem den Glamourfaktor der vorgetragenen Tänze, wie dramatisch die Outfits waren, ob Emotionen rüberkamen und ob die Paare genügend Sexappeal hatten.

Beim Tanzen ist für mich nicht nur die richtige Schrittabfolge und Ausführung wichtig. Im Gegenteil. Mir kommt es vor allem auf die Leidenschaft, den Spaß und Glamourfaktor an. Die Tänzer erzählen uns in diesen Momenten eine Geschichte und drücken diese in ihren Bewegungen, ihrer Mimik und in ihren Kleidern aus. Die Zuschauer möchten verzaubert, in Bann gezogen werden und Leidenschaft sehen. Dafür trainierten die Kandidatinnen und Kandidaten auch wirklich sehr hart.

Die gute Seele der Jury

Das rechne ich ihnen hoch an, gerade, weil viele unter ihnen noch nie in ihrem Leben richtig getanzt haben. Das ist eine Glanzleistung, was da mitunter jeden Samstag aufs Parkett gelegt wird. Warum also sollte ich sie derart niedermachen und kritisieren? Das ist nicht meine Art. Ich schätzte und würdigte ihre harte Arbeit und bewertete sie demnach menschlich und nicht wie Vieh auf einem Viehmarkt.

Meine Bewertungen – wenn man das überhaupt so nennen darf, denn ich halte nicht viel davon, andere Menschen zu bewerten, dieses Recht hat keiner – waren immer ehrlich, aber eben nicht negativ. Das gefiel vielleicht nicht jedem, aber ich blieb mir treu. So bin ich nun mal. Und ich verstelle mich auch nicht. Wenn ich als HARALD GLÖÖCKLER auftauche, dann bin und bleibe ich HARALD GLÖÖCKLER und sage nichts, nur um für mehr Einschaltquoten zu sorgen. Verbiegen ließ ich mich noch nie, egal, wie viel man mir bot. Leider gibt es nur wenige Menschen, die so sind und sich immer treu bleiben.

Let's Dance

Jeden Samstag ging es also nach Köln. Gegen 13.00 Uhr trudelten alle ein und verschwanden sofort in ihren Aufenthaltsräumen. Wir Jurymitglieder hatten nur wenig Kontakt untereinander – jeder machte sein eigenes Ding. Der Glamourfaktor hinter den Kulissen war demnach eher ernüchternd. Kurz nach meiner Ankunft kam meine persönliche Visagistin und zauberte mir innerhalb von zwei Stunden ein prächtiges Make-up und stylte meine Haare. In jeder Show trug ich einen anderen extravaganten Look mit passendem

Make-up und opulentem Schmuck. Mal gab es glitzernde Lippen, hoch gegelte Haare, mal aufgeklebte Strasssteine in meinem Gesicht.

Seit jeher habe ich gemacht, was ich wollte, ich lasse mich prinzipiell nicht dadurch verunsichern, was andere über mich denken. Und wie es sich herausstellte, mochten die Zuschauer genau das an mir. Die Sendungen waren bis ins kleinste Detail geplant und getimt.

Obwohl wir früh im Studio ankamen, verging die Zeit wie im Flug und schon war es Abend und die Show konnte beginnen. Es wurde getanzt, geschwebt und verzaubert. Von Show zu Show wurden die prominenten Tänzerinnen und Tänzer besser. Man konnte richtig beobachten, wie sehr sich harte Arbeit und Disziplin bezahlt machten. Dafür musste ich einfach Bestnoten mit meiner Krone vergeben. Natürlich haben wir uns auch innerhalb der Jury mal gekabbelt und gegenseitig Sprüche hin- und hergeworfen. Es war nichts zuvor abgesprochen oder einstudiert. Solche Unstimmigkeiten kommen nun mal auf, wenn vier unterschiedliche Menschen aufeinandertreffen und anderer Meinung sind.

Man muss aber respektvoll miteinander umgehen, das war zumindest mir immer sehr wichtig.

Es kann nur eine gewinnen

Im darauffolgenden Jahr wurde die Jury umbesetzt. Dieses Mal waren Motsi Mabuse und Roman Frieling neben Joachim Llambi und mir dabei. In dieser Let's Dance-Staffel freute ich mich besonders darüber, dass Maite Kelly mit antrat. Sie hatte eine Lobby für sich gefunden, da sich viele Frauen mit ihr identifizierten. Kurvige Damen fassten durch Ihre Teilnahme Mut. Genau das brauchten wir in der Show. Sie wurde von

Sendung zu Sendung immer besser und arbeitete unermüdlich an sich. Das fand ich großartig.

Ich denke, es war eine große Chance für sie und es mag sein, dass sie in manch einer stillen Stunde irgendwann einmal darüber nachdenken wird, welche Ängste sie als Tänzerin ausstand und wie viel Respekt und Wohlwollen ich ihr entgegenbrachte. Sie hatte auch Glück, ohne Zweifel. Es gab Tänzerinnen wie Liliana Matthäus, die nicht schlechter tanzten als sie. Aber Liliana bekam einfach nicht genügend Anrufe, sie hatte keine Lobby. Sonst wäre sie unter Umständen Dancing Queen geworden. Meiner Meinung nach wurde Maite Kelly letztendlich die Siegerin, weil das Publikum eine Außenseiterin wie sie ganz oben auf dem Treppchen sehen wollte.

Für Kinder in Not einsetzen

Mir sind Menschen suspekt, die sich durch ihren Erfolg gravierend verändern. Sorry, aber da stimmt etwas nicht. Ich bin immer derselbe geblieben. Bodenständig und dankbar. Dankbar dafür, dass ich gesund bin und die Kraft habe, mein Leben zu meistern. Viele haben diese Kraft nicht und brauchen deshalb unsere Hilfe. Ich engagiere mich deshalb für die Schwächsten unserer Gesellschaft. Ich weiß, was es bedeutet, eine schwere Kindheit gehabt zu haben.

Ich sehe, was es bedeutet, wenn Kinder aus Not hungern und frieren. Als Botschafter des Deutschen Kinderhilfswerks engagierte ich mich seit vielen Jahren mit allen mir zur Verfügung stehenden Mitteln für Kinder in Not und tat, was immer in meiner Macht stand.

Die Kinder sind unser größtes Gut. Man bleibt mit beiden Beinen fest auf dem Boden, wenn man die Not der anderen

Menschen teilt. Da ist kein Platz für Selbstbeweihräucherung. Nein. Da verspürt man Demut und Dankbarkeit dafür, dass es einem selbst besser geht.

Tiere schützen

Auch Tieren gehört mein Mitgefühl. Deshalb sammle ich seit Jahren unermüdlich Spenden und Spendengelder, um Tierschutzeinrichtungen und Tierschutzorganisationen zu unterstützen. Als Botschafter für »Flame of Peace« engagiere ich mich für den Frieden in der Welt. Da, wo kein Frieden existiert, herrscht die Not. »Flame of Peace« wurde von Ihrer kaiserlich-königlichen Hoheit, der Erzherzogin von Österreich Herta Margarete Habsburg ins Leben gerufen. Ihr Einsatz für den Frieden in der Welt ist faszinierend.

Titelseite in New York

Auf mich warten immer eine Menge spannender Projekte. Ich besuchte im Januar 2012 zum ersten Mal die Mercedes-Benz Fashion Week in Berlin, was natürlich nicht unbemerkt blieb. Trotz der hohen Promidichte wollten alle mich fotografieren und interviewen. Obwohl ich in den letzten Jahren immer wieder eingeladen wurde, hatte ich bislang kein großes Interesse gehabt, hinzugehen. Ich gehe nicht gerne aus. Das wollte ich dieses Mal ändern und es hatte sich gelohnt. Nicht nur in Berlin gefiel mein Auftreten, auch New York wurde mal wieder auf mich aufmerksam. Das New Yorker Fashion-Magazin »The Daily Front Row« hatte mich passend zur Mercedes-Benz Fashion Week in New York im Februar interviewt. Und nicht nur das: Ich war die Titelstory des Magazins. »I am HARALD GLÖÖCKLER – Prince of Fashion!«

Es war ein unglaublich großartiges Gefühl, als ich das Magazin in den Händen halten konnte. Amerika sehnt sich regelrecht nach Glanz und Glamour. Man vermisst Stars wie Liberace, Elizabeth Taylor und Gianni Versace. Zu mir wurde gesagt, ich hätte diesen Glamour und mit mir wolle man diese Lücke füllen. Ein größeres Kompliment konnte man mir nicht machen.

Von New York flog ich weiter nach Los Angeles. Dort hatte ich diverse Termine mit interessierten Geschäftspartnern und schloss unter anderem einen Vertrag mit einer TV-Produktionsfirma.

Ein Schloss von mir kreiert

Das Schöne in meinem Leben ist: Ich kann Nein sagen. Ich bin nicht gezwungen, irgendetwas des Geldes wegen zu machen. Man darf niemals seine Seele an den Teufel verkaufen. Niemals. Gerade erst habe ich ein Haus entworfen, was schreibe ich denn, ein Schloss für meine Prinzessinnen.

Eine Journalistin fragte mich: »Gibt es etwas, das Sie noch nicht designt haben?«

»Ja«, sagte ich, »ein Haus.« Einen Tag später kam ein Bauunternehmer auf mich zu und fragte, ob ich nicht ein GLÖÖCKLER-Haus für sie entwerfen wolle. Ich wollte. Und wie ich wollte. Wenn da mal nicht wieder die Engel am Werk waren ...

Übrigens eine nette Anekdote, die ich Ihnen nicht vorenthalten möchte. Als ich die erste Zeichnung des Hauses einer Freundin präsentierte, meinte sie: »Wow, sehr schön. Aber es fehlt noch etwas auf dem Bild. So wie ich dich kenne, kommen doch bestimmt noch Engelsstatuen in den Garten.« Ich musste laut lachen. »Ja«, dachte ich, »da hat sie recht.«

Tokio

Ich erinnere mich an meinen ersten Aufenthalt in Japan, an das Blitzlichtgewitter und an all die begeisterten und freundlichen Japanerinnen, die ein Foto von mir und mit mir auf den Straßen Japans machen wollten. Als wir damals das erste Mal in Japan waren, hatten wir uns zuvor aus Büchern schlaugemacht, was man beachten muss, wenn man dorthin reist. Wie esse ich? Wie begrüße ich mein Gegenüber? Wie verbeuge ich mich richtig und was darf ich sagen, was nicht? Immer hatten wir das Bestreben, Harmonie zu schaffen und auf gar keinen Fall aufzufallen, denn das ist Japanern sehr wichtig. Dies kostet allerdings ungemein viel Aufmerksamkeit und Training. Man möchte schließlich alles richtig machen und niemanden kränken.

Moderne und Tradition prallen in Japan hart aufeinander. Auch Tätowierungen haben in Japan eine sehr lange Tradition. Besonders beliebt waren sie allerdings nur bei Prostituierten und Arbeitern oder später dann als Zeichen für Kriminelle. Somit wollten manche Japaner keine Tätowierungen tragen.

Bis 1948 waren Tätowierungen sogar verboten. Noch bis heute verspüren Japaner eine starke Ablehnung gegenüber dieser Körperkunst. Zum Teil wird Tätowierten auch der Zutritt zu öffentlichen Bädern verboten. So erlebte auch ich es, als ich voller Vorfreude war, endlich nach dem stressigen Arbeitstag den

Spa-Bereich unseres Hotels auskosten zu können. Eine nette Mitarbeiterin des Hotels bat mich, mich komplett bedeckt zu kleiden, damit sich kein Japaner von mir gestört fühlen würde. Es hätte sogar so weit gehen können, dass man mich dafür inhaftierte. Ich zog mir dann doch lieber schnell etwas über.

Meine Tätowierungen liebe ich. Sie sind ein Teil von mir, was sich aber schwer beschreiben lässt. Manche Menschen fragen mich: »Wieso hast du dich tätowieren lassen? Wenn du alt bist und die Haut welk, sieht das ja nicht mehr gut aus.«

Daraufhin erwidere ich: »Alte, welke Haut muss man sowieso nicht spazieren führen, die will keiner wirklich sehen, ob tätowiert oder nicht. Man sollte sich flott, aber dem Alter entsprechend kleiden.« Zudem erinnern mich meine Tattoos im Alter daran, dass ich immer so gelebt habe, wie ich es für richtig hielt.

Oder es kommt die Frage: »Was ist, wenn dir deine Tätowierung in ein paar Jahren nicht mehr gefällt?«

Und genau das ist der Punkt. Wenn ich eine Entscheidung treffe, ist diese wohlüberlegt und gültig. Da gibt es keine Zweifel mehr. Ein gegebenes Wort ist für mich wie ein Vertrag. Deshalb sage ich bei der Flut an Anfragen, die mich täglich erreichen, grundsätzlich erst einmal Nein. Ja kann ich dann immer noch sagen, aber: Breche niemals ein gegebenes Wort!

Förmlich aus den Händen gerissen

Mit dem Besuch in Japan eröffnete sich für mich eine weitere grandiose Chance, meine extravagante, aber dennoch erschwingliche Mode im asiatischen Raum vorzustellen. Das Projekt Teleshopping lief bereits seit geraumer Zeit und war zu meiner Zufriedenheit außerordentlich erfolgreich. Da flatterte auch schon die nächste Anfrage eines Shop-Channels ins Haus, diesmal aus Japan. Den Wunsch, weltweit in den Medien vertreten zu sein, hatte ich bereits meinen Engeln zugeflüstert und auf einmal ergab sich die Möglichkeit eines weiteren Sendeplatzes im asiatischen Raum. Meine Engel hatten mich mal wieder erhört.

Ich flog 2009 nach Japan und residierte im Ritz-Carlton in Tokio. In unmittelbarer Umgebung liegt auch der Kaiserpalast von Tokio, die Residenz des japanischen Kaisers. Zunächst konnte ich mich aber erst einmal auf meinem Zimmer von dem langen Flug ausruhen, bevor es dann weiter ins Studio ging. Ohne zu wissen, ob die Dolmetscherin auch meine kreative und opulente Sprache, mit der ich meine Mode präsentierte, richtig übersetzt, bestritt ich die erste Sendung mit Bravour. Mein mitgebrachter glamouröser Schmuck und die hinreißenden Kleider waren nach nur einer Stunde allesamt verkauft. Als ich am nächsten Tag durch Tokio ging, um mir ein wenig die Stadt anzuschauen, kam ich allerdings nicht weit.

Wo ich auch auftauchte, wurde ich von Frauen erkannt und überschwänglich begrüßt. Sie machten Fotos und wollten Autogramme. Es war verblüffend, lief doch die Sendung erst gestern und zudem auf einem Shopping-Kanal und nicht auf einem regulären Hauptsender. Doch wie sich herausstellte, wurde das Video der Sendung auf YouTube gestellt und von Tausenden Japanerinnen in kürzester Zeit angeklickt. Sie waren außer sich vor Freude, als sie mich nun auf der Straße trafen. Es war ein großartiges Gefühl zu sehen, wie sehr mich die Frauen für meine Mode in ihr Herz geschlossen hatten. Ich präsentierte als erster deutscher Modedesigner meine Kollektionen in zwei Sendungen auf Shop Channel, dem größten Home-Shopping-Sender Japans und erreichte damit rund 22 Millionen Haushalte. Mir schien, als würde mein barocker Look in Japan besonders gut gefallen.

Wie auch in New York haben die Frauen in Japan ein unheimliches Gespür für Mode. Es sieht niemals langweilig aus, sondern immer besonders und mutig. Man sieht den typischen Mädchen-Look mit Schleifchen im Haar und kurzen Faltenröcken, aber auch elegante Etuikleider und schicke Schuhe. Auch meine Mode ist verspielt und elegant zugleich. Vielleicht hatte ich deshalb so viel Erfolg in Japan und traf auf so viel Zustimmung bei den Frauen. Meinem Ziel, japanische Frauen in den Genuss meiner luxuriösen, edlen Designermode kommen zu lassen, kam ich damit einen riesigen Schritt näher.

Meine Aufenthalte im Tokyo inspirierten mich enorm. Nirgends schienen mir die Menschen modemutiger und nirgends die Röcke der Damen kürzer. Man müsste eigentlich im Sprachgebrauch zu der italienischen Rocklänge noch die japanische Rocklänge hinzufügen. Ich fasste einen kühnen Plan: eine Modekollektion als Happening, eine Art lebendige Installation. Für mich gehen Kunst und Mode fließend ineinander über, da gibt es keine scharfen Grenzen. »Japan meets Rokoko« sollte das Projekt heißen. In meiner Fantasie kombinierte ich barocke Corsagen mit Kimonos und Ballonröcke mit Punkstrumpfhosen. Dazu stellte ich mir ein barockes Make-up, herzförmige Lippen und punkartige Barockfrisuren vor.

Ich präsentierte diese sexy-erotische Kollektion vor vielen Pressevertretern in meinem Showroom in Berlin. Es wurde ein Riesenerfolg.

Katharina die Große

Zurück in Deutschland traf ich mich zuerst einmal mit Manuela zum Kaffee, um ihr alles über meinen Aufenthalt zu berichten.

Manuela ist eine mit mir befreundete Prinzessin aus dem Haus Württemberg. Sie selbst kam gerade zurück aus von Sankt Petersburg und so kamen wir auch bei leckerem russischen Zupfkuchen auf diese kaiserliche Stadt zu sprechen. Gerne hätte ich einmal die Eremitage besucht, eines der größten Kunstmuseen der Welt. Die Räume dort sind glanzvoll eingerichtet, ausgestattet mit Meisterwerken von Leonardo da Vinci, kostbaren Gemälden von Rembrandt, Rubens und anderen. Es wäre eine großartige Inspirationsquelle für mich.

Nach unserem Treffen suchte ich nach Material im Internet, bis mir eines Tages der Film »The Russian Ark« ins Auge stach. Sofort verliebte ich mich in den surrealistischen Film des Regisseurs Alexander Sokurow. Eine Szene dieses Films zeigt Katharina die Große, die als alte Dame einen Spaziergang durch den Winterpalast der St. Petersburger Eremitage macht. Dieser Ausschnitt sollte den Gästen am Abend auf einer großen Leinwand gezeigt werden.

Der Film weckte sofort meine Fantasie – nicht zuletzt auch wegen der kunstvollen Inszenierung. Dann kam mir eine großartige Idee. Unweit von meinem Domizil befand sich die russische Botschaft. Die Botschaft ist die größte in Europa. Das Gebäudeinnere ist sehr prunkvoll ausgestattet und der Kuppelsaal reichlich dekoriert und mit bunten Glasmosaiken bestückt. Am interessantesten war für mich jedoch die Entdeckung, dass das Treppenhaus der Botschaft fast eins zu eins dem Treppenhaus der Eremitage nachempfunden war. Ich fasste den Plan, eine Illusion zu erschaffen und den Hofstaat der jungen Zarin Katharina wieder zum Leben zu erwecken.

Von diesem Vorhaben unterrichtete ich den Gesandten der russischen Botschaft, worüber dieser sich sofort begeistert zeigte.

Der Zarenhof in Berlin

Gut gelaunt, mit einem Glas Champagner in der Hand, beobachtete ich zwei Monate später, wie achthundert Gäste im prächtigen Palais eintrudelten. Zuerst gab es eine Vernissage meiner Gemälde mit Champagnerempfang im Atrium der Botschaft. Danach folgte eine kaiserliche Haute Couture-Show. Doch es gab diesmal keinen gewöhnlichen Laufsteg, sondern einen mit Kordeln abgesperrten Korridor vor dem Zugang des Treppenhauses.

Oberhalb der Tür zum Treppenhaus lief der Filmausschnitt und zeigte den Ballsaal des Winterpalasts, welcher im russischen Palais in Berlin detailgetreu nachgebaut wurde. So hatte man das Gefühl, man sei Teil des Films und selbst im Ballsaal des Winterpalasts. Die Gäste suchten sich freie Plätze, um alles vom Film mitzubekommen. In der letzten Szene erschien Katharina die Große als alte Dame auf der Bildfläche, wie sie die Flügeltüren zum Treppenhaus im Winterpalast schließt. Das war unser Zeichen. Das Licht ging an, die Musik wurde aufgedreht und unser erstes Model alias Katharina die Große öffnete die Flügeltür und betrat in einer roten prunkvollen Abendrobe mit tiefem Dekolletee und funkelndem Geschmeide den Saal. Wow! Mit solch einer Inszenierung hatte wohl keiner gerechnet. Die zahlreichen Gäste waren sichtlich überrascht und applaudierten begeistert.

Wie immer hatte ich fast ausschließlich prominente Models und Prinzessinnen für meine Show ausgewählt. Diese präsentierten meine besonders prunkvollen und vom Zarenhof inspirierten Roben mit Hingabe und Spaß. Meine Kreationen waren vorwiegend in Rottönen und edlen Cremefarben mit großzügigem Ausschnitt gehalten. Selbst die Frisuren und das Make-up der weiblichen Models erinnerten an die damalige Zeit: Sie trugen aufwendige Frisuren mit vielen Korkenzieherlöckchen und Schleifen und ein Make-up. Jedes Model trug echten Schmuck – Colliers und Diademe im Wert von zwei bis drei Millionen Euro.

Brüssel

Die Show in der russischen Botschaft hinterließ ihre Spuren. Einige Wochen danach kontaktierte mich der deutsche Botschafter in Brüssel, ich möge doch auch eine derart fulminante Show in Brüssel zelebrieren. Statt der üblichen Darbietung einer bayrischen Blaskapelle sollte nun meine prächtige Mode vorgeführt werden.

Brüssel, die »Hauptstadt Europas«, beherbergt viele Kulturen aus verschiedenen Ländern der Welt. Man hat hier einerseits die bezaubernde Altstadt mit ihren noch immer gut erhaltenen alten Häusern und andererseits modernste Gebäude wie das Europaparlament. Im Zentrum Brüssels steht der königliche Palast. König Leopold II. verlieh dem neobarocken Schloss seine heutige Gestalt. Bis 1935 wurde der Palast als Residenz des belgischen Königshauses genutzt. Heute beinhaltet er das Büro des Königs und den Wohnsitz des Prinzen. Und hier, in diesem glanzvollen Ambiente, präsentierte ich nun meine exzentrische Mode und brachte damit alle Anwesenden zum Staunen.

Die Models trugen barocke, opulente Kleider, verziert mit goldenem Brokat aus Seide und Spitze. Sie hatten gigantisch hohe Allongeperücken und geschminkte, feurig rote Herzen in der Mitte ihrer Lippen, die den Mund ganz spitz aussehen ließen. Die Models sahen aus wie Madame de Pompadour höchstpersönlich. Alles war exzentrisch und überzogen.

Auch die Frau des deutschen Botschafters trug ein prachtvolles rotschwarzes Kleid aus meiner Kollektion, verziert mit goldenen Blumenmustern. Dies gefiel vor allem dem Nuntius der katholischen Kirche.

Deutschland neuen Glanz verleihen

Es war wirklich eine atemberaubende Show, die zahlreich besucht wurde: vom französischen und italienischen Botschafter, von Mitgliedern des Vatikans und der gesamten High Society von Belgien. Sie alle kamen nach der Show auf mich zu und bedankten sich bei mir, sie wären regelrecht fassungslos und baff gewesen, dass ein Deutscher so etwas könne. Das habe es hier noch nie gegeben, auch würden sie keinen gleichwertigen Künstler kennen. Ich feierte einen riesigen Erfolg und repräsentierte damit Deutschland in einem ganz neuen Licht.

Monte-Carlo

Oftmals werde ich in Interviews gefragt: »Herr Glööckler, was war denn Ihr schönster Tag im Leben?« Was aber ist das für eine Frage? Ich denke mir dann nämlich immer, ob man sie nicht etwas konkreter formulieren könnte. Was genau wollen die Fragesteller von mir wissen? Was verstehen sie unter »schön« und dem »schönsten Tag«? Meint dieser Tag den interessantesten Tag, den erfülltesten oder was meint er?

Es gibt sehr viele schöne Tage im Leben, aber wenn man dann so zurückblickt, dann kommen einem ein paar gewisse Tage ganz besonders in den Sinn. Ein schöner Tag ist für mich ein Tag, an dem alls rundgelaufen ist und der mir auch im Nachhinein noch Freude bereitet. Denke ich an einen solchen Tag, dann fühle ich eine wohlige Wärme und gleichzeitig ein aufregendes Kribbeln im Rücken und im Magenbereich. Ich habe dann ein so gutes, Gefühl, dass ich tanzen könnte vor Freude. Über einen solchen Tag möchte ich jetzt ausführlicher berichten.

Eine mit mir befreundete Prinzessin lud mich dazu ein, sie nach Monte-Carlo zu begleiten. Die Einladung nahm ich gerne an, denn ich war sehr neugierig auf diesen geradezu magischen Ort, den man aus solchen Filmen wie »Die oberen Zehntausend« kennt. Dabei übertrifft Monte-Carlo als Ort aber tatsächlich jeden Film, der dort gedreht wurde. Zu Zeiten von Fürstin Grazia Patrizia war Monte-Carlo der absolute Hotspot der High Society und ein Synonym für Luxus, Reichtum, Eleganz und große Welt.

Der wahrscheinlich schönste Tag meines Lebens

Die Einladung war perfekt geplant. Man schickte mir ein Kuvert zu, in welchem sich ein Business Class-Flugticket befand und in dem die Nummer meines Chauffeurs hinterlegt war, welcher mich am Flughafen Nizza in Empfang nehmen sollte. Außerdem erhielt ich die Buchung meines Zimmers im luxuriösen Hotel Hermitage sowie die Einladung zu einer festlichen Gala im Sporting Club in Monte-Carlo in Anwesenheit der Fürstenfamilie.

In Nizza angekommen erwartete mich bereits mein Fahrer mit einer schwarzen Mercedes-S-Klasse, um mich auf direktem Weg ins Hotel Hermitage zu bringen. Dort traf ich auf die besagte Prinzessin, welche mich gebeten hatte, sie zu der Gala zu begleiten. Auch andere royale Freunde waren gerade dabei einzuchecken. Nachdem wir uns alle ausgiebig begrüßt hatten, begab ich mich auf mein Zimmer, um mich einzurichten. Am Abend gab es ein Dinner im kleinen Kreis und nachdem wir noch einen Drink an der Bar genommen hatten, begaben wir uns zu Bett.

Am folgenden Tag frühstückten wir und fuhren dann in den Monte-Carlo Golfclub zu einem Empfang mit anschließendem Lunch. An unserem Tisch saßen sehr interessante Menschen, aber am meisten faszinierte mich Sean Connery, der direkt gegenüber von mir saß. Sean Connery war ein wundervoller Schauspieler, den ich sehr verehrte, wobei er mir insbesondere in der Rolle des William von Baskerville in der Verfilmung von Umberto Ecos Roman »Der Name der

Rose« gefiel. Trotz seines reifen Alters strahlte er eine faszinierende Energie und Jugendlichkeit aus. Seine energetische Ausstrahlung war überhaupt sehr gut. Er war einer jener Menschen, auf den man trifft und von dem man sofort tiefberührt ist.

Anschließend brachte mich meine Limousine wieder zurück ins Hotel, wo ich mich für den Abend zurechtmachte. Am Abend trug die Prinzessin dann ein pompööses langes Abendkleid aus meiner Kollektion und ich trug Smoking. Als wir gemeinsam den roten Teppich betraten, erfolgte augenblicklich ein gigantisches Blitzlichtgewitter. Mehrere französische Fernsehteams baten mich um ein Interview. Die Prinzessin und ich waren eine Sensation.

Danach führte uns eine Hostess zu unserem Tisch, an welchem ebenso Catherine Zeta-Jones und Michael Douglas sowie die Fürstenfamilie platziert waren. Die Tische waren überaus pompöös mit einem gigantischen Blumenschmuck dekoriert. Der ganze Saal war eine einzige Illusion und man fühlte sich wie im Märchen. Das Dinner war ebenso sensationell wie die Unterhaltungen, die wir führten. Später entführte man uns noch ins »Jimmy's«, den sagenumwobenen Nachtclub, wo wir bis in die frühen Morgenstunden hinein feierten. Auf meinen späteren Reisen nach Monte-Carlo besuchte ich meist meine Freundin Erina Prinzessin von Sachsen Herzogin zu Sachsen.

Ein Sheikh in Genf

Einmal folgten Dieter und ich der Einladung einer lieben Freundin nach Cannes ins Hotel Intercontinental. Mit dem Auto fuhren wir über Genf, bis wir das dortige Hotel Intercontinental erreichten, wo wir einen Zwischenstopp einlegten. Die

Vorfahrt war vollständig zugeparkt mit großen Limousinen, die das Kennzeichen von Dubai trugen. Wie sich später herausstellte, stand am Eingang der Major Domus eines Sheikhs, welcher das ganze Hotel für sich gebucht hatte.

Wir hatten trotzdem die Erlaubnis, in dem Hotel zu übernachten, weil meine Freundin dort eine sehr gute Kundin war und man ihr den Wunsch nicht verweigern konnte, Freunde von ihr aufzunehmen. Ich fühlte mich nicht wie in Genf, sondern wie in Dubai. Überall flanierten arabische Männer in ihren Kandoras und überall im Hotel roch es nach schweren Parfüms und nach Weihrauch und Sandelholz. Nach einer weiteren mehrstündigen Autofahrt am nachfolgenden Tag erreichten wir das Hotel Intercontinental in Cannes. Untergebracht waren wir in der Yves Montand-Suite, die aus einem großen Salon, zwei Schlafzimmern und einem Badezimmer bestand. Von dort aus hatten wir einen fantastischen Ausblick auf das Meer. Es war bereits später Nachmittag und wir ruhten uns etwas aus, um uns dann für das Abendessen einzukleiden.

Das Colombe d'Or, wo dinieren magisch wird

Wir speisten in dem sehr bekannten Sternerestaurant Colombe d'Or in Saint-Paul-de-Vence, einer wunderschönen Künstlerstadt mit sehr gut erhaltenen mittelalterlichen Befestigungsanlagen. Das Colombe d'Or ist ein wundervolles Lokal. Nachmittags sind die schlichten Holztische nackt, abends sind sie unter edlem Leinen verborgen. Wir saßen im Garten und es herrschte schummriges Licht. Ein paar Tische weiter speiste eine Dame, die aussah wie Brigitte Bardot. Ich nehme an, dass sie es auch wirklich war, wollte aber nicht nachfragen.

Ungefähr hundert Tische waren mit unzähligen Kerzen und dem edelsten Porzellan und den edelsten Gläsern eingedeckt. Es roch wundervoll nach gegrilltem Fisch, Knoblauch und Trüffel. Das Olivenöl und das Weißbrot waren ebenso köstliche wie der Wein und das Dessert – hier war einfach alles ein herrlichen Genuss. Alle waren schon zum Speisen da:

Jacques Prévert, Sartre, Simone de Beauvoir, Yves Montand, Brigitte Bardot, Orson Welles, David Niven, Roger Moore, Henri Matisse, Chagall, Picasso, Tony Curtis. Henri-Georges Clouzot hatte mit seiner Frau Véra sogar ein eigens für sie errichtetes Steinhäuschen im hinteren Teil des Gartens bezogen. Sie waren Gäste auf Lebenszeit gewesen.

Es hingen überall faszinierende Gemälde, die sehr kostbar waren – man fühlte sich, als würde man in einem Museum speisen. Diesen wunderschönen Abend werde ich niemals vergessen.

Hongkong

Eben fährt ein Bus mit chinesischen Schriftzeichen vorbei. Und da ist wieder dieses Déjà-vu. Irgendwie erinnert mich New York immer wieder an Hongkong. Hongkong ist eine atemberaubende Stadt voller Gegensätze und voller Leben. Unübersehbare, grelle Leuchtreklamen, auf denen chinesische Schriftzüge für alles Mögliche Werbung machen, durchziehen die Straßen Hongkongs. Fremde, eigenwillige Gerüche liegen in der Luft. Eine Mischung aus asiatischen, duftenden Gewürzen und ein undefinierbarer Gestank, den man nicht erklären möchte.

Der Unterschied zwischen Arm und Reich ist überall erkennbar: Käfigmenschen, die in entsetzlichen Behausungen untergebracht sind und andererseits Superreiche, die in gigantischen Villen am Victoria Peak leben, dem bekanntesten Berg Hongkongs. Im 19. Jahrhundert wurde er zum beliebtesten Wohngebiet der Kolonialherren.

Heute sind die Grundstückspreise am Peak astronomisch. Je weiter man nach oben gelangt, umso teurer sind die Preise und dementsprechend wohlhabender die Bewohner. Der Verkehr auf den Straßen ist eine einzige Katastrophe. Wer hier mit dem Auto von A nach B kommen will, muss viel Geduld aufbringen. Wenn ich in Hongkong bin, dann gehe ich auch gerne mal über die Märkte. Ich kann überhaupt nicht nachvollziehen, warum die Chinesen ihr Essen zumeist erst lebend sehen wollen, bevor sie es kaufen – und was dort alles gegessen wird ...! Man findet allerlei Krabbeltiere und Insekten, die wir Europäer eher verschmähen. Aber auch die chinesische Seide, das reichhaltige Angebot an Kunst und Antiquitäten ist auf den Märkten kaum zu übertreffen. Am meisten faszinieren mich die buddhistischen Tempel. Diese sind Orte der Besinnung und Ruhe in dieser hektischen Metropole. Viel zu oft vergessen wir die Ruhe, dabei brauchen wir sie, um weiterzumachen und Kraft zu schöpfen.

Jahrtausende alte Regeln, moderne Paläste

In unserer heutigen hektischen und betriebsamen Zeit ging die Ruhe irgendwann mal verloren. Das war ursprünglich ganz anders. Die Menschen hatten einmal ein wundervolles kostbares Gut – die Ruhe. Sie nahmen sich jeden Tag etwas Zeit, sich auf die Natur einzustimmen und wieder das Wasser, die Blumen und die Bäume zu genießen. Es war wunderbar, endlich hatten sie wieder die lang ersehnte Ruhe. Doch es gab auch Menschen, die sich die Ruhe von Anfang an bewahrt hatten, die sich nicht von dieser schrecklichen Hektik anstecken ließen. Seit Jahrtausenden lebten sie ihr Leben nach den alten Regeln und Traditionen: die buddhistischen Mönche.

Ich weiß noch, als wir das erste Mal nach Asien flogen und den Flughafen von Hongkong ansteuerten, blickte ich erstaunt aus dem Fenster. Ich war überwältigt von der Landschaft, den Farben und den Wolkenkratzern. Wir checkten im Hotel Grand Hyatt ein, wo auch unsere erste glamouröse Show im wundervollen Ballsaal zwischen marmorierten Säulen stattfinden sollte. Alles in dieser Stadt war bombastisch und sprengte alle mir bislang bekannten Dimensionen. So sollte es auch mit meiner Show sein.

»Europe meets Asia«

Wir folgten einer Einladung der Interstoff Asia anlässlich deren zehnjährigen Jubiläums und dem Handover Hongkongs 1997 nach China.

Es sollten eine Gala-Show und sechs Trendshows in drei Tagen im neu eröffneten Convention Exhibition Center präsentiert werden. Mit einem Stab von vierundzwanzig Personen und einer kompletten Kollektion flogen wir von Frankfurt nach Hongkong. HARALD GLÖÖCKLER hatte es geschafft, der kleine Junge vom Dorf durfte nun in die große Welt und vor chinesischen Ministern und der High Society Hongkongs seine Kunst präsentieren. »Europe meets Asia« war mein Motto.

Als ich damals durch die riesigen Hallen lief, um passende Stoffe auszusuchen, sog ich alles auf, was ich sah. Es war ein wahres Feuerwerk an Farben. Rot war in fast jedem Muster zu finden, weil es einfach für so viel Glück und Gutes in diesem Land steht. Glatte und schimmernd glänzende Seide, transparente Gaze, Damast- und Brokatstoffe, aufwendig verarbeitete Seidenstickereien und Malereien waren immer wieder zu entdecken. Traditionelle Muster und Drachenapplikationen schmückten festere Stoffe, goldene Fäden durchzogen das Gewebe – man sah die filigrane Arbeit der Näherinnen. Der ganze Raum glänzte in einer bunten Farbenpracht. Ich habe Seide schon immer geliebt. Sie ist unbeschreiblich kostbar. Inspiriert von den chinesischen Kaisern und den Dogen von Venedig, kreierte ich eine exzentrische Kollektion und eine nicht weniger exzentrische Show. Rokokokleider mit ausladenden Reifröcken aus chinesischer Seide wetteiferten mit den großen Frachtschiffen nebenan im Hafen Hongkongs. Die männlichen Models trugen indisch inspirierte Anzüge mit Mitren und Tiaren. Einige sahen aus wie direkt vom Hofe des Dogen.

Die verwöhnten Gäste waren hellauf begeistert. Fernsehteams und Journalisten angesagter Zeitungen stürmten die Shows und berichteten auf Titelseiten über uns. In Hongkong wurden wir 1997 von einer Modejournalistin angesprochen, wie es denn sein könne, dass sie einen so begnadeten Modemacher wie mich in Hongkong treffe und nicht bei einem ihrer Besuche nie zuvor in Düsseldorf auf der CPD gesehen habe.

»Wieso machen Sie denn eigentlich dort keine Show«, fragte sie mich. Ich sagte: »Weil ich bislang nicht gefragt wurde. Kennen Sie den Spruch: ›Der Prophet gilt nichts im eigenen Lande‹?«

Sie sagte: »Das werden wir gleich ändern. Ich treffe nächste Woche auf einer Messe in China den Chef der Modemesse CPD und werde ihn dann darauf ansprechen. Ihre Show wäre doch bestimmt das Highlight auf seiner Messe. So etwas Glanzvolles und Großartiges wie Ihre Mode habe ich bislang noch gar nie gesehen.«

Düsseldorf

Deutsche Mühlen mahlen oft richtig langsam, was mich schon so manches Mal fast zur Verzweiflung gebracht hat, In Deutschland braucht alles seine Zeit. Doch Zeit ist Geld und das Geschäft macht der, der die Nase vorn hat. Es brauchte eineinhalb Jahre, bis das Wirken dieser Journalistin aus Asien Früchte trug. Im November 1998 klingelte das Telefon, es war die Modemesse Düsseldorf. Sie würden gerne HARALD GÖÖCKLER zu einem Gespräch nach Düsseldorf einladen. Es ginge um die CPD. Wir flogen also nach Düsseldorf. Die PR-Dame der Messe teilte uns mit, dass die Messe im nächsten Jahr ihr 50-jähriges Jubiläum feiern würde. Dazu würden sie uns gerne mit einer Eröffnungsshow verpflichten. »Aber gerne doch«, sagte ich, »wir würden uns freuen, im Juli bei Ihnen eine Show zu zelebrieren.«

»Nein«, erwiderte die Dame »wir dachten da an Februar und Juli.«

Für einen kurzen Moment stand ich dann regelrecht unter Schock. Eine Show auf die Beine zu stellen in zwei Monaten, Stoffe besorgen und unzählige Roben zu nähen und das, obwohl Weihnachten dazwischenlag und unsere Kasse ohnehin mehr als leer war? Das war geradezu unmöglich. Andererseits war es ein Geschenk des Himmels nach einer sehr schweren Zeit und die Möglichkeit für einen Neuanfang. Plötzlich hörte ich meine Engel sagen: »Sag zu, wir helfen dir, das kriegen wir doch locker hin.«

»Okay, dann im Februar«, hörte ich mich sagen.

Das Unmögliche möglich machen

Die CPD war zu diesem Zeitpunkt die größte Modemesse der Welt. Das bedeutete nationale und internationale Aufmerksamkeit von Fach- und Presseleuten aus der ganzen Welt. Es war wohl das wichtigste Ereignis meines Lebens. Meine Schneiderinnen und ich kreierten mit Hilfe von Sponsoren, welche ich auch noch akquirierte, in nur zwei Monaten achtzig Kollektionsteile, von denen eines spektakulärer war als das andere. Das war Rekordarbeit auf höchstem Niveau.

Ich weiß noch, wie ich vor all den opulenten Stoffen stand, die weit entfernt von fertigen Kleidern waren, und dachte: »Wie um Himmels Willen sollen wir das alles schaffen?«

Und in diesem Moment mussten mich wohl meine Engel erhört haben, denn mich überkam ein warmes Gefühl. Ein Gefühl von Gewissheit und Zuversicht: »Es wird funktionieren. Bisher hat doch auch immer alles geklappt.«

Man muss das Glück und die Gelegenheit beim Schopfe packen. Etwas wagen, mutig sein. Nur die Mutigen gelangen ans Ziel und manchmal muss man sich sein Leben selbst noch einmal vor Augen führen, um zu sehen, was man bereits alles vollbracht hat, welche Hürden man überwunden hat und es aus teils undenkbaren Situationen durch eigene Willenskraft wieder herausgeschafft hat. Wir vergessen das leider viel zu oft und sehen nur einen riesigen Berg vor uns, den zu überschreiten wir als unmöglich betrachten, anstatt den Berg Schritt für Schritt zu bezwingen. Wir betrachten das Leben der anderen und blicken voller Neid und Eifersucht zu ihnen. Dabei müssten wir doch viel öfter unser eigenes Leben betrachten, uns loben, uns bejubeln, dafür, was wir alles geleistet haben.

Zu diesem Zeitpunkt waren wir in einer fatalen Situation. Wir verfügten nicht über die notwendigen finanziellen Mittel. Doch wir verloren nie den Schwung und den Glauben an uns selbst. Und so glaubte ich auch dieses Mal ganz fest daran, dass wir es mit Hilfe meiner Engel schaffen werden. Wir nähten Tage und Nächte, Wochen und Monate. Und dann war es so weit. Am Tag der Show standen wir alle unter Hochspannung.

Wir hatten dreißig Models und zwanzig Visagisten und Hairstylisten, die alle aufgeregt herumzappelten und den Start der Show kaum erwarten konnten. Hinter den Kulissen war der ganze Raum voll von Kleiderstangen und bodenlangen Roben, glitzernden Schuhen, beleuchteten Schminktischchen und jeder Menge Anspannung. Auch vor den Kulissen spürte man die Neugierde und Spannung des Publikums. Es lag etwas Aufregendes in der Luft, etwas Prickelndes, Neuartiges, Besonderes. Das spürten nicht nur wir.

Während an dem einen oder anderen Kleid noch die letzten Änderungen vorgenommen wurden, toupierten Friseure die Haare in ungeahnte Höhen. Marie Antoinette wäre beim Anblick dieser Frisuren und Kleider neidisch geworden. Als Star-Model konnte ich den Hollywood-Star Brigitte Nielsen gewinnen. Dieses war eine Sensation, denn schließlich war es ihr erster Auftritt als Model nach über 10 Jahren Babypause und der Scheidung von Sylvester Stallone.

Ich schloss gerade noch schnell den Reißverschluss am Kleid von Brigitte Nielsen, die Weather Girls probten auf der Bühne ihren Welterfolg »It‘s raining Men«, da kam auch schon Gina Lollobrigida um die Ecke. Ihre Augen funkelten vor Begeisterung. Sie liebte meine Kreativität und meine Mode und sie genoss die Aufregung hinter der Bühne. Es erinnerte sie an ihre großen Erfolge. Dann ging es Schlag auf Schlag. Vorne befand sich ein langer Catwalk, um den in stufenförmiger Anordnung die Sitzplätze gruppiert waren. Frontal zum Laufsteg wurden die unzähligen Fernseh- und Kamerateams platziert. Es war wie in einer Arena.

Der Raum füllte sich immer mehr, mittlerweile waren es 1.500 Gäste, allein davon 700 Journalisten, die nur darauf warteten, meine Show zu sehen. Jedes Model wurde geschminkt und gestylt. Alle bekamen silbern schimmernden Lippenstift und glitzernden Lidschatten, es wirkte etwas androgyn und sehr dramatisch. Rokoko trifft auf Science-Fiction, das war meine Kreation und Millennium das Motto. Meine opulenten Werke waren kombiniert mit futuristischen Elementen. Das hatte es noch nie gegeben.

Rokoko meets Science-Fiction

Und dann war es so weit. Meine Freundin, die wunderbare Gina Lollobrigida, betrat die Bühne. Sie begrüßte das zahlreiche Publikum, welches ehrfürchtig ihren Worten lauschte, und kündigte meine Show an.

Das Licht ging aus, Spotlight auf den Laufsteg. Es ertönten die Klänge einer Trommel aus allen Boxen, das Publikum wartete gespannt mit Blick auf die Bühne. Die Show konnte beginnen. Jedes Werk von mir war ein Kunstwerk für sich. Wir hatten ausgefallene Drag Queens, kurze weiße Kleider mit herunterhängenden Kristallketten am Saum, dazu weiße Strapse und glitzernde Pumps. Ein märchenhaftes Kunstwerk der besonderen Art war ein Neorokoko-Brautkleid in silberner Glitzerfolie mit einer Lederkorsage aus

Tausenden von Swarovski-Kristallen, die wie Diamanten funkelten. Die Damen im Publikum staunten nicht schlecht. So viele Farben und Formen hatte es noch nie gegeben. Als Brigitte, meine dänische Schönheit, als letztes Model auf die Bühne schritt, gab es tosenden Applaus. Sie trug ein hautenges Mieder und einen überdimensional großen Gürtel mit herausragenden Stacheln. Sowohl das Mieder als auch der Gürtel waren aus glattem, silbernem Leder. Ein prächtiges Collier, besetzt mit feinen, glitzernden Swarovski-Kristallen zierte ihr Dekolletee.

Sie wurde bejubelt und gefeiert wie eine Königin. Das Publikum liebte sie in diesem Outfit. Alles war etwas überzogen und exzentrisch. Es war Haute Couture, die große Schneiderkunst.

Meine Mode war nicht nur optisch sensationell, sondern wurde zudem auch noch musikalisch glanzvoll untermalt.

Als krönenden Abschluss sangen die Weather Girls in meinen ausgefallenen Kreationen und bewiesen einmal mehr, dass in HARALD GLÖÖCKLERS Mode jede Frau ein Star ist, egal mit welcher Konfektionsgröße und egal welchen Alters. Ich wollte damals schon Maßstäbe setzen.

Mit der Masse schwimmen, das war noch nie meine Art. Diese Haute Couture-Show war eine Show, wie man sie sonst eigentlich nur aus New York oder Paris kannte. Vertreter verschiedener ehemaliger deutscher Königshäuser saßen neben Weltstars und bedeutenden Modejournalisten in der ersten Reihe.

Unzählige Titelseiten nationaler und internationaler Magazine berichteten in den darauffolgenden Tagen über unsere exzentrische Modenschau. Le Figaro schrieb »Mit Harald Glööckler explodiert die deutsche Mode in Prunk und Pracht.«

Den inneren Turbo aktivieren

Als ich einige Tage später all die wunderbaren Artikel durchlas, überkam mich ein Gefühl von Dankbarkeit. Meine Arbeit, meine Andersartigkeit und meine Exzentrik wurden in allen Magazinen geschätzt und gelobt. Wieder einmal hatte sich gezeigt, dass sich harte Arbeit und Mut auszahlen. Meine Firma und ich sind durch diese Show gewachsen und haben neuen Schwung bekommen, um weiterzumachen.

Es gibt bestimmt immer wieder Momente in Ihrem Leben, in denen Sie nicht wissen, wie es weitergehen wird. Sie stehen vor einem riesigen Berg, die Spitze scheint kaum erkennbar, so entsetzlich weit oben empfinden Sie diese. Sie wissen nicht, wo Sie anfangen sollen und wo es enden wird? Wenn Sie an solch einem Punkt angelangt sind, dann sage ich Ihnen: »Schauen Sie, dass sie in Schwung kommen.«

Mit Schwung geht alles, ohne Schwung geht gar nichts. Wie definiere ich Schwung? Man könnte sagen »der innere Antrieb«, aber es ist mehr als nur das. Es ist der Turbo, der antreibt, der zur Höchstleistung führt. Ein innerer Stachel, den ich besitze. Jeder hat ihn, man muss ihn nur aktivieren, ihn immer in Bewegung halten.

Eine Party wie im alten Rom

Eines Tages bekamen wir eine Anfrage von Dandy Diary. Dandy Diary war ein deutscher Blog und dessen Köpfe David Kurt Karl Roth und Carl Jakob Haupt waren bekannt durch künstlerisch exzentrische Projekte rund um Mode und Fashion Week.

Und eben genau darum ging es. Die beiden hatten sich in den Kopf gesetzt, eine pompöose Party im Stile Ludwigs XIV. zum Auftakt der Fashion Week zu organisieren. Zwei Jahre lang versuchten sie, mich für die Idee zu gewinnen und ließen nicht locker. Letztendlich imponierte mir ihre Hartnäckigkeit. Ich fand die Idee auch gut, hatte mir aber auserbeten, dass die beiden Herren vorab zu mir in mein Château in die Pfalz kommen möchten, damit wir uns beschnuppern und kennenlernen konnten, um festzustellen, ob wir auch energetisch zusammenpassten.

Die beiden kamen also ins Château Pompöös. Es war ein absolut vergnüglicher Nachmittag, wir haben uns wirklich sehr gut verstanden und auch die beiden waren offensichtlich sehr angetan von mir. Die Idee war, auf der Insel der Jugend in der Spree ein grandioses Fest wie zu Zeiten Ludwigs XIV. zu gestalten. Sie argumentierten, Harald Glööckler, der Prince POMPÖÖS halte sich für Ludwig den Sonnenkönig und somit müsste man ihn auch so behandeln. Es wurde schließlich wohl die dekadenteste und ausschweifendste Party, welche die

Berliner Fashion Week jemals gesehen hatte. Der rote Teppich war endlos lang. Über eine Brücke gelangte man auf die Insel, auf welcher eine gigantische Bühne mit viel barockem Tand und einem Thron aufgebaut war.

Ein gewaltiger Traum aus Kitsch

Daneben fanden sich direkt am Wasser im Grünen barocke, von mir designte Betten mit Krone, auf welchen sich die Gäste niederlassen konnten. Es gab eine Botox-Bar, einen Wodkabrunnen, kurzum, es war wie im Schlaraffenland. Irgendwie wirkte es wie eine Mischung aus Rokoko und altem Rom.

Die Gäste kamen fast ausschließlich in Rokoko-Kostümen. Bei meiner Ankunft wurde ich dann frenetisch gefeiert und ich fühlte mich in der Tat wie am Hofe Ludwigs XIV. Das ganze Fest war ein gewaltiger Kitschtraum mit Kastraten, Schwänen, Zwergpferden als Einhörner und kleinwüchsigen Menschen in barocken Kleidern.

Die Bühne, auf welcher ich als Ludwig XIV. auf meinem Thron platziert wurde, war flankiert von den Gastgebern und vielen anderen Prominenten. Ganze Menschenmassen jubelten mir zu. Tausende Handys blitzten in den dunklen Nachthimmel. Danach brachte man mich in eine abgesperrte Loge und dort feierten wir bis in die frühen Morgenstunden. Es war eine rauschende Ballnacht.

Kreativ leben

Kunstausstellungen habe ich schon immer geliebt. Nicht, um die Kunst zu bewerten, sondern um sie auf mich wirken zu lassen. Gemäldekunst ist so facettenreich wie Mode oder Musik. Nicht umsonst werden Modeschöpfer und Popstars wie Maler und Autoren als Künstler bezeichnet. Daher liegt es auch nicht fern, wenn Künstler mehrere Talente haben. Nicht alle aber zeigen diese und leben sie aus. Kunst im Allgemeinen war jedoch schon immer ein Teil meines Lebens. Ich besuche Kunstausstellungen, bin mit Künstlern befreundet oder male selbst.

Als wir unseren Laden im November 1987 in Stuttgart in der Eberhardtstraße eröffneten, kamen immer wieder Leute aus der kreativen Szene zu uns. Darunter befanden sich auch so schillernde Persönlichkeiten wie die bezaubernde Sängerin Romy Haag, der Kabarettist Matthias Richling und die wunderbare Margot Werner. Aber auch Künstler vom Renitenztheater kamen regelmäßig mit einer eisgekühlten Flasche Champagner vorbei und gaben bei uns kleine Konzerte und Kostproben ihres Bühnenprogramms. Sie fühlten sich alle sehr wohl bei uns.

In Stuttgart hatten wir nicht immer glanzvolle Zeiten. Hinter allem Negativen verbirgt sich meiner Meinung nach aber immer etwas Gutes, auch wenn man dieses Gute oft erst im Nachhinein erkennt. Etwas Gutes hatte deshalb auch unsere Zeit in Stuttgart: Ich entwickelte meine Leidenschaft für das Malen.

Meine Kunst ist leidenschaftlich

Eine meiner lieben Freundinnen, die Fürstin von Urach Gräfin von Württemberg Manuela von Cube, war nicht nur Kundin unseres Ladens, sondern besuchte fast jede meiner Shows. Und sie ermutigte mich auch dazu, eine POMPÖÖS-Galerie zu eröffnen. Unsere Wohnung war bereits mit allerlei Gemälden voll, die ich immer wieder in all den Jahren gemalt hatte. Öl auf Leinwand, Acryl auf Leinwand, sogar Nagellack, je nachdem, was ich gerade zwischen die Finger bekam. Meine Gemälde waren einerseits Ausdruck meiner überschäumenden Lebensfreude, andererseits Momentaufnahmen meines Lebens, meiner Gedanken und Gefühle.

Ich bin schon immer ein Stehaufmännchen gewesen. Wenn sich mir irgendetwas in den Weg stellt, denke ich: Jetzt erst recht! Für mich ist Malerei auch eine Möglichkeit, Dinge zu verarbeiten, mich auszudrücken und weiterzuentwickeln. In schweren Zeiten hätte ich so oft nachts verzweifelt im Bett liegen können, doch stattdessen malte ich.

Inzwischen habe ich mich in der Kunst etabliert, mir einen Namen gemacht. Namhafte Kunsthistoriker aus aller Welt haben meine Kunst besprochen. Julia Pfeffer, Kunsthistorikerin an der Universität Wien, schrieb: »Glööcklers Meisterwerke sind durch einen großen Individualismus sowie durch einen fast unersättlich wirkenden Freiheits- und Unabhängigkeitsdrang gekennzeichnet. Die Betrachter nehmen dabei jedoch einen ebenso großen Stellenwert ein wie Glööcklers persönliche Lebenswirklichkeit. Glööcklers Kunst schreit, sie will gesehen werden, sie ist leidenschaftlich und extravagant.

Grenzen werden gesprengt. Der gesamte Gegenstand wird fast vollständig von, mit individueller Gestik aufgetragenen, Farbflächen bedeckt. Glööckler schafft es auf diese Art und Weise, zwei so unterschiedliche Stile wie das Rokoko und den Punk zu vereinigen. Die Grenze zwischen Prunk und Punk wird aufgeweicht.«

»Glööckler offenbart sich als sorgsamer Betrachter von Kunstwerken seit dem Quinquecento. Er folgt beobachtend damit denjenigen, die aus dem Dialog mit dem Bekannten heraus ihr Eigenes formuliert haben, wie z.B. kein geringerer als Pablo Picasso. Selbstverständlich weiß er auch um die gerichtete Spontaneität des Dripping á la Pollock, das ihn zu eigenen starken Formulierungen inspiriert hat. So zieht er die persönliche Konsequenz aus dem Impetus der Informellen bis an die Grenze der nachmalerisch Abstrakten einerseits, wie er andererseits ein nicht narratives Bildhandeln aufgreift, durch das er alle Fesseln an eine konventionelle Gegenstandslosigkeit abstreifen kann. Hinzu kommt, dass er auch einen Zugang zur Kunsthistorie aufweist, wenn er auf dunkle Untergründe Farbspuren auflegt und damit Caravaggios suggestives Chiaroscuro in seine malerische Gegenwart aufnimmt. Offensichtlich gehört er in die Reihe der Warhols, Lichtensteins und Jeff Koons, die ihren Zeitgenossen einen Spiegel vorhielten, ihre Uniformität entlarvend, ihren Mainstream karikierend und dem ein Eigenes entgegen setzend«, stellte Prof. Dr. Helge Bathelt fest.

Zwischenzeitlich hatte ich Ausstellungen in Galerien und Museen in Deutschland und der Schweiz. Im Moment bereiten wir eine Vernissage in den USA und weiteren Ländern vor. Die Kunst nimmt einen sehr großen Raum in meinem Schaffen ein. Ich transportiere sie auf Porzellan und auf Kleidung und mache somit Alltagsgegenstände zu Kunst und somit zu etwas Besonderem. Im Internet können Sie meine Onlinegalerien finden.

Internet-Boom

Mit dem Internet-Boom gab es wohl den wahrscheinlich größten Wandel in der Shopping-Kultur. Kleidung, Schuhe und sogar Essen wird heute online bestellt und nach Hause geliefert. Die Begeisterung dafür nimmt nicht ab, sondern zu. Es gibt unendlich viele Shows in Shopping-Kanälen und noch mehr Abnehmer. Rote Teppiche und Galaveranstaltungen sind nicht meine bevorzugte Welt, aber ab und zu lasse ich mich dort dann doch mal blicken. So war ich auch auf der IFA-Eröffnungsgala im Herbst 2003. Sämtliche Fernsehteams richteten ihre Kameras auf mich. Es gab ein gigantisches Blitzlichtgewitter. Wie so oft, wenn ich irgendwo auftrete, kämpften auch hier die Fotografen untereinander um das beste Foto. Bei diesem Tumult war ein Vorwärtskommen nahezu unmöglich.

Auf dem Weg zu unserem Tisch, den wir nur sehr mühsam erreichten, wurde uns der Vorstandsvorsitzende von Home Shopping Europe, HSE24 vorgestellt. Ich hatte mich bislang nicht ausführlich mit Teleshopping beschäftigt, aber ich erkannte meine Chance. Viele denken immer, sie müssen sich von außen inspirieren lassen. In mir aber brodelt und kocht es permanent. Und dann gibt es eine Explosion und alle Ideen sprudeln nur so aus mir heraus. So war es auch dieses Mal. Ich hatte mich schon seit Langem gefragt, warum Luxus nicht für jeden zugänglich sein kann. Und nun stand dieser Mann vor mir und meine Idee wurde plötzlich zu einer konkreten Vision. Eine POMPÖÖS-Linie, exklusiv auf HSE24. Mich überkam wieder ein Gefühl von Wärme und Zuversicht. Das hier war das Werk meiner Engel: eine eigene Fernsehshow und Läden in ganz Deutschland. Jetzt waren es nicht die Shops, sondern die Wohnzimmer. Noch besser! Ich sah es als eine wunderbare Chance, alle Frauen zu erreichen, bis ins kleinste Dorf, überall dort, wo ein Fernsehgerät stand.

Luxus muss nicht kostspielig sein

Meine Modelle gingen rasant weg. In den ersten dreißig Minuten hatten wir bereits den gängigen Umsatz weit überschritten. Noch vor Sendeschluss waren wir komplett ausverkauft. Bei den darauffolgenden Sendungen war es nicht anders. Von da an war ich der Verkaufsschlager bei HSE24. Ich hatte damit nicht nur die Probezeit überstanden, sondern auch in den Telefonleitungen Warteschlangen erzeugt. »Luxus zum kleinen Preis!« war mein Motto.

Das machte ich auch weiterhin. Für mich ist es kein Widerspruch, exklusive Couture über das Fernsehen zu einem erschwinglichen Preis zu verkaufen, denn jede Frau hat das gute Recht, schöne Mode zu tragen. Leider hat aber nicht jede Frau die finanziellen Mittel dazu. Da gibt es alleinerziehende Mütter oder für geringen Lohn schwerarbeitende Frauen, welche monatelang daraufhin sparen, sich etwas von POMPÖÖS leisten zu können, um es dann voller Freude und Stolz zu tragen. Es macht mich sehr glücklich, wenn ich sehe, wie viel ihnen meine Mode bedeutet. Es gibt aber auch wohlhabende Frauen, die zu ihrer 5.000 Euro teuren Tasche ein HARALD GLÖÖCKLER-Kleid für 89 Euro tragen. Auch sie lieben es pompöös und freuen sich, wenn sie mal ein Schnäppchen gemacht haben.

Auch andere Designer arbeiten mittlerweile mit preiswerten Modeketten zusammen und machen exklusive Linien, die weit unter ihrem eigentlichen Preissegment liegen. Ich war allerdings der Erste, der zu Teleshopping stand. Ich war mir durchaus bewusst, was ich damit schaffte und wie glücklich es mich selbst machte, meinen Traum damit zu verwirklichen. Für die einen mochte es das Ende sein, für mich aber bedeutete dies der Anfang von etwas noch Größerem. Nach einer mehrstündigen Teleshopping-Sendung fragte man mich bei HSE24: »Was halten Sie davon, ein POMPÖÖS-Parfüm zu kreieren?«

Zunächst war ich skeptisch, denn für mich bedeutete Parfüm »Riechen und Duften«. Wie konnte man dies über einen Bildschirm transportieren? Das Team meinte aber, man könne den Charakter eines Parfüms auch sehr gut in Worte fassen. Eigentlich war ich von der Idee sehr angetan, war ich doch erst einige Monate zuvor mit professionellen Parfümeuren zusammengesessen und hatte mit ihnen einen wunderbaren Duft kreiert.

Dubai

Mein erster Flug nach Dubai war 1994. Sie dürfen sich das damalige Dubai nicht wie das heutige Dubai vorstellen. Es gab glaube ich zwei Fünfsternehotels: das Intercontinental und das Hyatt Regency. Es gab den Meena Basar, eine oder höchstens zwei Malls und einen Yachthafen und einige elegante Restaurants am Greek und das war es dann auch schon. Ich folgte damals der Einladung einer arabischen Familie und wurde bei meiner Ankunft zuerst einmal herzlich empfangen. Sofort ging es auf die Yacht des ehemaligen Königs Faruk von Ägypten. Eine so große, elegante Yacht hatte ich noch nie gesehen. Um der Wahrheit die Ehre zu geben, war ich überhaupt noch nie auf einer Yacht gewesen, sondern höchstens auf einem kleinen Motorschiff auf dem Neckar. Damals war ich 18 Jahre alt. Man konnte also singen:

Er war gerade 18 Jahr'
Fast noch ein Kind mit weichem Haar,
ein Mann zum Lieben
Der Sommer ging, als ich ihn sah
Die leeren Nächte schon so nah,
die mir noch blieben
Ich malte und frisierte mich
Ein bisschen mehr auf jugendlich,

Ich wollt's probieren
Als wir uns in die Augen sah'n
Hätt' ich wer weiß was noch getan,
ihn zu verführen.

Und so etwa war es auch. Ich wurde hofiert und begehrt – man wollte mich verführen. Die Jugend ist wie eine prallgefüllte Zuckerdose, die mit zunehmendem Alter immer leerer wird. Und im Nachhinein muss ich sagen, es ist ein großes Glück, dass man in der Jugend nicht weiß, dass man sie besitzt. Ansonsten könnte man die Jugend nicht unbeschwert genießen. Man würde krampfhaft versuchen, an ihr festzu halten und mehr und mehr aus ihr herauszupressen.

Himmlische Düfte

Ich erlebte eine faszinierende Zeit mit wundervollen Menschen, die Gastfreundlichkeit in Dubai war fantastisch, so etwas hatte ich noch nie erlebt. Danach hat sich Dubai sehr verändert. Wenn man das heutige Dubai betrachtet, ist es Las Vegas hoch zehn. Für mich war die schönste Zeit dort zwischen den Jahren 2000 und 2010. Damals hatte man in Dubai den besten Service. Wobei ich mich auch heute nicht beklagen darf, wann immer ich in Dubai bin, fühle ich mich pudelwohl. Es war immer ein Ort für mich zum Auftanken, ein Ort, um mich wiederzufinden.

Dubai, das Land der tausend Düfte. Es ist ein unglaublich inspirierendes Land. Allein die Märkte, die sogenannten Souks, wecken mit ihren kostbaren Teppichen, glanzvollen Stoffen, ihren Gewürzständen und den vielseitigen Aromen alle Sinne. Das Land lebt in einer unglaublichen Farbenpracht und einem Luxus, ohne dabei protzig zu wirken. Es sind Bilder wie aus Tausendundeiner Nacht. Ein Geruchserlebnis der besonderen Art hatte ich in Dubai auf dem Parfüm Souk. Es handelte sich dabei nicht um einen klassischen Souk, sondern um eine Vielzahl von Geschäften. Es roch nach exotischen Düften, orientalischen Gewürzen, kostbaren Blütenessenzen und aromatischen Ölen. Hier, so hatte ich das Gefühl, war ich bestens aufgehoben, um einen wundervollen Duft zu kreieren.

Es gab Düfte, die blumig und leicht rochen, andere schwer und würzig, wieder andere nach Sehnsucht wie Amber oder Jasmin. Ich wollte ein Parfüm erschaffen, welches lange anhält und nicht gleich verfliegt, es sollte betörend duften. Sie, meine Damen, sollen betörend riechen und mit den Waffen einer Frau spielen, Ihre Krallen ausfahren und verführen. Sie sollen zeigen, was Sie haben und duften wie eine Prinzessin. So stellte ich es mir vor. Das pompööse Parfüm bekam natürlich auch ein schönes Kleid in Form eines pinkfarbenen Flakons, eine handgefertigte und mit 24 Karat vergoldete Krone zierte den Verschluss. Ich nannte es »With Love!«. Wenn man etwas mit Liebe macht, dann kann es nur erfolgreich werden. Zusätzlich gab es noch ein kleines Säckchen mit einem Miniflakon in Herzform mit 7,5 Milliliter reinem Parfümöl, versehen mit echtem Blattgold. Wenn sich damit alle Frauen parfümieren, dachte ich, dann wird es nur noch Liebe und Harmonie auf den Straßen geben. Wie auch meine Mode brach der Verkauf des Parfüms alle Rekorde. Viele Tausend Flaschen wurden in nur einer Woche verkauft. Und auch hier zeigte sich, dass ich auf dem richtigen Weg war.

Das Verrückteste ist jedoch, dass ich gerade auch jetzt wieder hier in Dubai sitze, während ich an diesem Buch schreibe. Hier in Dubai möchte ich irgendwann einmal wieder ein neues Parfüm kreieren und präsentieren.

Café de Paris, London

An einem Morgen stehe ich in meiner Suite im Luxushotel. Fast unbeachtet und nur nebenbei läuft der Fernseher im Zimmer, während ich meinen glitzernden Schmuck anlege. Mit meinen Gedanken bin ich in Wirklichkeit ganz woanders. Ich blicke kurz hinüber und sehe eine Filmszene, die in London am Piccadilly Circus spielt. Leider ist der Film fast zu Ende und dennoch bleibe ich mit meinen Gedanken im königlichen London haften und erinnere mich zurück an eine wunderschöne Reise, mit der ich meinen Jugendtraum verwirklichte.

Sehr viel von diesem königlichen Glanz hat auch das Café de Paris. Es ist einer der berühmtesten und langlebigsten Veranstaltungsorte der Welt. Mit einer glanzvollen Geschichte und einem noch prächtigeren Publikum hat sich das Café zu einem Dreh- und Angelpunkt der Elite entwickelt. Künstler und Politiker, Filmstars wie Marlene Dietrich, Orson Welles, Vivien Leigh, Prinzessin Margaret und Liberace verweilten bereits in dieser Bar. Und nun gehörte auch ich zu diesen exklusiven Gästen.

Mit großer Entourage bestehend aus Bodyguards, Direktricen, Visagisten und Schneiderinnen, reisten wir 2010 nach London. Wir residierten in einer luxuriösen Suite im »Landmark Hotel«, einer der besten Adressen Londons, von wo aus ich meine pompööse Barock-Rock-Show organisierte. Nicht von ungefähr kam die Idee, das Café de Paris als Veranstaltungsort zu wählen. Ich verehrte diese Räumlichkeiten nicht zuletzt wegen Marlene Dietrich, meinem großen Vorbild, die dort zu ihren besten Zeiten riesige Erfolge feierte.

Marlene Dietrich war für mich schon immer eine wahrhaftige Diva. Sie setzte ihre eigenen Modetrends – perfektioniert bis ins kleinste Detail. Ihre Auftritte waren umstritten. Sie trug Strapse und Zylinder, halbdurchsichtige Kleider, bestickt mit unzähligen funkelnden Pailletten und Steinen. Sie war eine Ausnahmeerscheinung, die erste deutsche Schauspielerin, der ein Durchbruch als Filmstar im Hollywood in den Dreißigerjahren gelang. Marlene Dietrich war eine Diva und meine Inspiration. Von klein auf hingen Bilder von ihr in meinem Zimmer. Ihr charmantes, laszives Lächeln, ihre Schönheit, ihre Stärke und Ausstrahlung faszinierten mich schon immer. Sie ist bis heute mein Vorbild.

In den Fußstapfen von Marlene Dietrich

In diesem historischen Café de Paris sollte nun auch meine Show für magische Momente sorgen. Ein prachtvoller Kronleuchter hing an der ovalen Decke aus rot gerafftem Stoff, darunter glänzte der schwarze Laufsteg. Vergoldete Säulen stützten die Galerie im ersten Stock, die mit einem barocken Geländer umgeben war. Die Stühle waren aus dunkelbraunem Holz, die Kissen mit blauem Samt überzogen. In diesem großartigen Raum präsentierte ich also meine exzentrische Mode.

Ausgestattet mit exklusiven Rokoko-Perücken, langen, kostbaren Abendroben, barocken Krinolinen und verruchten Korsagen, boten die Models dem Publikum ein erstklassiges Schauspiel. Ein langer Mantel mit einem aufgestellten Kragen und Ärmel, die am Handgelenk aufgingen wie eine kostbare Blüte in glänzendem Silber, darunter schimmerndes Gold. Der ausschweifende Luxus einer Marie Antoinette, kombiniert mit dem verruchten Charme des Moulin Rouge. Das war die Mischung meiner exklusiven Couture-Show. Passend dazu gab es eine »Marie Antoinette la Femme de la Rue«-Kreation. Das Model trug eine rosafarbene Marie-Antoinette-Rokoko-Perücke, eine strahlend weiße Korsage mit rosa Schleifchen, einen romantischen Rüschenrock und kniehohe, auffallende schwarze Lackstiefel. Es war alles etwas verrucht, doch das passte sehr zu diesem wundervollen Ambiente des Cafés de Paris.

Natürlich durfte meine langjährige Freundin Brigitte Nielsen nicht fehlen. Der Hollywood-Star war die strahlende Königin des Abends. Am Ende gab es überragenden Applaus, Lobeshymnen und Anerkennung von allen Seiten.

Ich hatte so viel Liebe und Begeisterung an diesem Tag bekommen, dass ich das dringende Bedürfnis hatte, zu geben. Das ist etwas von den vielen wunderbaren Dingen, die ich von Carmen, Mamas bester Freundin, gelernt habe. Geben und Teilen, wenn es einem selbst gut geht. Man bekommt es zurück, nicht unbedingt an gleicher Stelle und nicht unbedingt von der gleichen Person.

Andere glücklich machen

Lassen Sie mich das Ihnen erklären: Ich habe an diesem Abend dem Publikum meine Werke präsentiert und es damit beschenkt. Sein Lob und seine Dankbarkeit waren sein Geschenk an mich. Wenn ich ein Leben in Luxus und Reichtum führe und Geld an Hilfsorganisationen spende, dann schenken mir die Menschen und vor allem Kinder, materiell gesehen, nichts Gleichwertiges zurück. Ihr Lächeln, ihre

Freude und das Wissen, dass es ihnen durch meine Spende etwas besser geht, sind größer als alles andere – und darum geht es.

Tiere – meine große Liebe

Ich besuchte damals bei meinem Aufenthalt das Battersea Cats and Dogs Home in London und unterstützte es mit einer Spende. Über 800 Tiere finden in diesem Heim Zuflucht und werden liebevoll betreut. Diese Tiere wurden meist von ihren geliebten Herrchen skrupellos ausgesetzt oder misshandelt. Viele warteten darauf, dass das Herrchen wiederkommt oder hofften dort auf ein neues, besseres Leben und Zuhause, als sie es zuvor hatten.

Ich dachte an mein Leben und an meine Hoffnung auf ein schöneres Leben. Als die Realität grau und düster war, flüchtete ich mich in märchenhafte Fantasien, baute Schlösser und tanzte mit Prinzessinnen zu klassischer Musik. Ich hatte meine Engel und liebe Menschen um mich, die mir halfen und mich unterstützten. Und nun lebe ich dieses wunderschöne, wahr gewordene Märchen und möchte Menschen und Tieren gleichermaßen helfen.

London hatte aber noch viel mehr für mich zu bieten, mehr, als ich mir je hätte erträumen lassen.

Bangkok

Noch zu Stuttgarter Zeiten bekam ich eines Tages einen Anruf von einem Schmuckhersteller aus Pforzheim, der auch in Bangkok ein Unternehmen unterhielt. Diese Firma hatte sich auf die Produktion und den Vertrieb von Schmuck spezialisiert und zeigte großes Interesse an einer Zusammenarbeit mit POMPÖÖS. Wir trafen uns nur kurze Zeit später in unserem Showroom und verstanden uns auf Anhieb. Meine Ideen, die ich auf die Schnelle äußerte, begeisterten die Herren: »Großartig, Herr Glööckler!«

Schon am nächsten Tag begann ich mit den Zeichnungen und Entwürfen für die Kollektion. Ich blühte förmlich auf und war voll in meinem Element. Jede meiner Ideen wurde bis ins kleinste Detail umgesetzt und produziert, was mir besonders an der Zusammenarbeit mit meinen neuen Partnern gefiel.

Wir hatten vergoldeten Silberschmuck mit Zirkoniasteinen, opulente Colliers und Rokokogeschmeide, die aussahen wie die von Marie Antoinette, aber auch Modeschmuck wie Emaillearmreife im Tiger- oder Zebralook. Mit meinen Entwürfen und Zeichnungen im Gepäck flog ich nur kurze Zeit später nach Bangkok. Bangkok ist eine unglaubliche Stadt. Als wir mit dem Auto Richtung Schmuckfabrik fuhren, kam ich nicht mehr aus dem Staunen heraus: Es gab viele Autos, knatternde Mopeds und riesige, mehrstöckige Shopping Malls.

Nicht nur die Stadt faszinierte mich, auch die Firmenphilosophie kam meiner sehr nahe. Die Mitarbeiter waren alle voller Leidenschaft und Enthusiasmus. Das Unternehmen tat hingegen sehr viel für Mütter und hatte einen Kindergarten im Haus und sogar ein kleines Krankenhaus für kostenlose Behandlungen. Ich war so überwältigt von all der Liebe und dem sozialen Denken und Handeln, dass wir selbst auch an ein Kinderheim spendeten, welches von dem Unternehmen in regelmäßigen Abständen unterstützt wurde.

Von Basel nach London

Zurück in Deutschland präsentierte ich zum ersten Mal unseren Schmuck auf der Schmuckmesse, der Basel World in der Schweiz, der bedeutendsten Schmuckmesse der Welt. Auf gigantischen sechzig Quadratmetern zeigten wir den Schmuck gemeinsam mit unseren Models, die meine Haute Couture-Kleider trugen.

Der ganze Stand glänzte im barocken Stil und war der Hingucker auf der Messe. Ein Einkäufer folgte nach dem anderen und das Beste: Sie bestellten nicht nur meinen glamourösen Schmuck, sondern die Kleider gleich mit dazu.

In dieser herrlichen Verkaufsatmosphäre sprachen mich zwei Herren vom Shopping-Sender QVC London an. »Herr Glööckler«, sagten sie, »genau so etwas lieben die britischen Frauen.« Und so wurde aus einem netten Gespräch zwischen Perlen und Häppchen ein ernstes Geschäft. HARALD GLÖÖCKLER war nun auf dem Weg, die britischen Damen zu verzaubern. Ich unterschrieb einen Dreijahresvertrag mit QVC London. Auch die britischen Damen lieben es pompöös und müssen nicht Unmengen von Geld ausgeben, um exklusive Designermode zu tragen. Meine Sendung war ein riesiger Erfolg und traf auf große Begeisterung bei den englischen Damen vor den Fernsehgeräten. »Ich will dich heiraten«, war zum Beispiel das nette Kompliment einer Britin, die ausdrücken wollte, wie sehr sie mich oder meine Mode liebte. Inzwischen wurde London fast zu meiner zweiten Heimat. Neben QVC vertrieben auch andere meiner Partner wie Bonprix und Marburg ihre Produkte in Großbritannien.

Kataloge

Als ich ein kleiner Junge war, gab es keine Social Media und keine Magazine. Das Einzige, was ins Haus flatterte, war der Quelle-Katalog. In diesem räkelten sich schöne Frauen auf exklusiver Bettwäsche. Die Feministinnen wären sicherlich entsetzt gewesen. Ich fand es aber großartig. Dazu gab es schicke Männer in edlen Anzügen und in genauso einen Katalog wollte ich.

»Lieber Gott, bitte bringe mich in solch einen Katalog«, bat ich. Zweimal musste ich Gott aber nicht darum bitten, denn als die Zeit reif war, brachte er mich tatsächlich in den Katalog: Zuerst war ich im Quelle-Katalog und dort auf sechs Seiten präsent, dann im Klingel-Katalog, bis schließlich Bonprix an meine Türe klopfte. Bonprix wollte einen kompletten Abriss meines Lifestyles präsentieren – von Mode über Schmuck und Parfüm bis hin zu Home Couture. Das war ein Riesending. Also entwarf ich eine exklusive Kollektion unter dem Namen »GLÖÖCKLER presented by Bonprix«, welche ab Januar 2012 online und im Katalog erhältlich war. Diese Kooperation, diese Weltpremiere durfte natürlich nicht ohne eine entsprechende Show zelebriert werden. Bevor die Mercedes-Benz Fashion Week im Januar die Stadt wie jedes Jahr in einen Modeolymp verwandelte, präsentierte ich bereits eine Woche zuvor meine exklusive Kollektion im Berliner Nobel-Club Felix.

Rund zweihundert geladene prominente Gäste sorgten dort schon vor der Show für reichlich Blitzlichtgewitter. Mindestens noch einmal so viele Fotografen und Journalisten waren gekommen, um bei diesem extravaganten Highlight dabei zu sein.

An diesem Abend sorgte nicht nur meine Kollektion für Aufsehen, denn auch ich schmiss mich richtig in Schale. Der Nobelclub Felix besteht aus zwei Etagen, die mit einer großen, y-förmigen Treppe verbunden sind. Die Models sollten also von oben die Treppe hinunterlaufen und direkt auf den angesetzten Laufsteg kommen. Rechts und links waren die Stühle bereits aufgebaut. Als die Gäste ihre Plätze einnahmen und die Presse richtig positioniert war, kam mein großer Auftritt.

Ich dachte mir, dass wenn ich schon in einem Club meine Mode präsentierte, ich diese Stimmung auch in meinem Outfit umsetzen sollte. So funkelte und schimmerte ich wie eine Discokugel und trug einen weißen Overall mit tiefem Ausschnitt, der über und über mit silberglänzenden und funkelnden Pailletten besetzt war. Zusätzlich hüllte ich mich in einen weißen, bodenlangen Fellmantel mit Reihen von Swarovski-Kristallen. Mister HARALD GLÖÖCKLER Liberace: An jedem Finger einen glitzernden bombastischen Ring, ein silberfunkelndes Collier und spitze, auffallende Schuhe, komplett besetzt mit weiß glänzenden Steinen.

Auch mein Make-up konnte sich sehen lassen: Meine Lippen waren knallrot, unzählige Swarovski-Steine zierten mein Gesicht und angesteckte, lange Wimpern sorgten für einen glamourösen Augenaufschlag. Allein dafür bekam ich tosenden Applaus.

Über Nacht war ich dann auf den Märkten in Russland, Deutschland, Großbritannien, Frankreich, Italien, der Türkei, der Schweiz und Österreich vertreten. Bereits nach einer Woche waren viele Modelle restlos ausverkauft, sodass wir nachproduzieren mussten, was wir natürlich liebend gerne taten.

Paris und die königlichen Papillons

Nun gab es also meine Mode auch in Frankreich, in meinem geliebten Paris zu kaufen: Paris ist nicht nur die Stadt der Liebe, Paris ist nämlich auch die Stadt der Mode, genauer gesagt des Prêt-à-porter. Hier werden die Modetrends gesetzt, die später um die ganze Welt gehen. Berührte Bauwerke, bezaubernde Cafés, schillernde Plätze und epochale Museen gehören genauso zu Paris und machen diese Stadt zu etwas ganz Besonderem.

Denkt man an das historische Paris, denkt man auch an Ludwig XIV. Durch ihn erlebte die französische Kultur eine wahre Blütezeit. In Sachen Mode war der König ein großes Vorbild und er war es auch, der die Allongeperücke weltweit berühmt machte. Denke ich an Ludwig XIV., denke ich übrigens auch immer an den bemerkenswerten Film »Der König tanzt«, der nicht nur teilweise am Pariser Hof spielt, sondern auch die ganze Modepracht der damaligen Zeit bemerkenswert in Szene setzt. Marie-Antoinette, die Gattin des späteren Königs Ludwig XVI. von Frankreich, bezeichne ich immer als eines der ersten It-Girls der Geschichte, denn sie liebte nicht nur kostbaren Schmuck und wertvolle Kleidung, sie hatte auch wie wir einen Papillon am Pariser Hof. Diese wunderschönen Hunde waren immer die Lieblinge der französischen Könige gewesen. Für uns ist Billy King nicht nur ein Hund, er ist unser Baby. Ein Engel auf vier Pfoten mit einem großen Herzen, der uns immer begleitet. Der Papillon zählt zu den zehn intelligentesten Hunderassen der Welt.

Papillon ist das französische Wort für Schmetterling. Das sieht man nicht nur an seinen großen, abstehenden Ohren, die an Schmetterlingsflügel erinnern, sondern auch an der weißen Blesse, die das Gesicht symmetrisch in zwei Hälften teilt. Sein langes weißes Fell mit schwarzen Flecken ist seidig und weich.

Am französischen Hof waren Zwerghunde dieses Typs über mehrere Jahrhunderte besonders beliebt. Doch mit der Französischen Revolution und dem Niedergang des französischen Adels sah man auch den Zwergspaniel nicht mehr. Liebhabern der Rasse aus Belgien und Frankreich haben wir es zu verdanken, dass es diese Rasse seit Ende des 19. Jahrhundert wieder gibt. Auf zahlreichen Gemälden berühmter Meister wie Tizian, Rubens oder Jan Vermeer war der Zwergspaniel schon zu sehen, vorzugsweise mit Kindern oder Adeligen.

Billy King ist mein bester Freund

Unser Billy braucht viel Liebe, Zuneigung und Geborgenheit, damit er die ganze Pracht seines Charmes entfalten kann. Er ist aber auch eitel und genießt es sehr, wenn er bewundert wird. Streicheln darf ihn aber nicht jeder. Wenn er mal nicht bei mir ist, habe ich das Gefühl, als fehle etwas. Wenn es ihm nicht gutgeht, geht es mir auch nicht gut. Dann lasse ich alle Termine sausen, fahre mit ihm zum Tierarzt und lasse ihn nicht mehr aus den Augen. Als wir von Charlottenburg nach Berlin-Mitte umzogen, bekam auch er ein kleines Schloss. Ich ließ einen alten, prunkvollen, goldenen barocken Kamin mit weißem, kostbarem Stoff beziehen. Kleine sanfte weiße Kissen mit einem goldenen Emblem zieren nun sein Gemach.

Jede Frau kann wunderschön sein

Als ich dann von HSE24 zu QVC Deutschland wechselte, einem der führenden Teleshopping-Anbieter auf dem deutschen Markt, vergrößerte sich auch unser Sortiment. Unsere Kollektionen unter dem Label POMPÖÖS by HARALD GLÖÖCKLER beinhalteten jetzt mehr nur elegante, ausgefallene Mode, sondern auch kostbare Home Couture, glamourösen Schmuck und hochwertige Beauty-Produkte.

Unser Angebot reichte von raffinierten T-Shirts mit Puffärmeln, Satinschleifen und Strasssteinen, klassischen Hosen und romantischen Röcken mit Rüschenvolants, Couture-Jacken in weichem Nicky mit glitzernden Paillettenärmeln, intensiver Feuchtigkeitspflege mit weißem Trüffelextrakt, Kaviar, Seidenprotein, Mandelöl und Kakaobutter, vergoldeten Lippenstiften, schimmerndem Nagellack bis hin zu prächtigem Schmuck und kuschelig königlicher Bettwäsche und Tagesdecken.

Ich erinnere mich an eine meiner Shows im Februar 2012, die sehr amüsant war. In dieser Nacht wurden uns meine vorgestellten Modelle förmlich aus den Händen gerissen. Ich flog jeden Monat mehrmals nach Düsseldorf zu QVC. Wie vor jeder Sendung schaute ich mir meine Models an und prüfte das Make-up und das Hairstyling. Wenn es sein muss, lasse ich stets nachschminken oder nachtoupieren. Der Look muss dramatisch sein. Meine Models sind alle unterschiedlich, sowohl bezüglich des Alters, der Konfektions- und Körpergröße sowie in Figur und Haarfarbe. Das ist sehr wichtig. Die Damen sollen die Vielfalt meiner Kollektionen erkennen und sich selbst in den Models wiederfinden. Das große Studio war wie immer passend zur meiner Mode pompöös gestaltet und mit einem weiß glänzenden Laufsteg ausgestattet. Das POMPÖÖS-Logo und mein Porträt befanden sich dekorativ an der champagnerfarbenen Studiowand. Ein prächtiger Kronleuchter hing mitten im Raum. Viele Kronen zierten die Trennwände und auf einem Bett in unmittelbarer Nähe des Laufsteges wurde meine Home Couture-Bettwäsche mit den königlichen Kissen gezeigt. In dieser Nacht war das Angebot der Night & Day-Anzug: ein legerer Hausanzug in Rot, Schwarz, Champagner und Weiß. Die Show konnte beginnen. Meine zauberhafte Kollegin begrüßte das Publikum an den Bildschirmen, meine Models zeigten die Kollektion das erste Mal mit einem Gang über den Laufsteg, dann kam ich.

Frauen verwechseln gerne Schönheit mit Ausstrahlung. Das ist falsch. Nicht jede, die schön ist, hat auch eine Ausstrahlung. Nicht jede, die dünn ist, ist schön. Und nicht jede, die eine Größe 46 trägt, ist hässlich und hat keine Ausstrahlung. Streichen Sie das aus Ihrem Kopf! Wo kämen wir denn da hin, wenn wir alle so denken würden.

Mode macht sexy, Mode unterstreicht, Mode kaschiert auch, wenn es sein muss. Sie müssen sich nur trauen. Tragen Sie Korsagen und rote Lippen, enganliegende Tops oder tief dekolletierte Kleider, wenn Ihnen danach ist. Und vor allem: Tragen Sie dies auch, wenn Sie eine größere Größe haben und denken Sie nicht, das könnten Sie nicht. Sie werden sehen, wenn Sie von alten Denkweisen und Mustern loslassen, werden Ihnen neue Türen geöffnet. Ihre Ausstrahlung wird eine andere sein, Ihre Umgebung wird Sie ganz anders wahrnehmen und Ihr Selbstbewusstsein wird es Ihnen danken. Sie können sich bestimmt noch daran erinnern, wie Ihnen als Kind von Ihrer Mutter oder Großmutter aus Märchenbüchern vorgelesen wurde. Wie haben wir es geliebt, wenn sie sich neben uns gekuschelt hat, das schwere Buch vom Nachttisch holte und uns in die Welt von

Aschenputtel, Dornröschen oder Schneewittchen entführte. Immer waren diese Prinzessinnen wunderschön, lebten jedoch meist sehr unglücklich, weil die böse Stiefmutter ihnen das Leben zur Hölle machte. Dann wurden sie aber von einem Prinzen gerettet und lebten mit diesem glücklich bis an ihr Lebensende. Alle diese Geschichten sind Märchen, also frei erfunden, und dennoch bleiben sie ein Leben lang in den Köpfen der Frauen. Nicht zu Unrecht. Denn sie möchten alle leben wie eine Prinzessin, aussehen wie eine und das Happy End erleben, das auch Aschenputtel, Schneewittchen oder Dornröschen zuteilwurde.

So wie wir uns als Kind entscheiden, welches Märchen wir am meisten lieben, so haben wir auch im Unterbewusstsein entschieden, welches Leben wir leben. Fege ich täglich die Asche vom Boden und lasse auf mir herumtrampeln oder tanze ich in einem voluminösen, prächtigen Kleid auf einem Ball? Sie sind der Regisseur Ihres Lebens. Sie schreiben das Drehbuch und Sie entscheiden, ob es ein Happy End gibt oder nicht. Darauf zu warten, bringt nichts. Sie müssen selbst dafür sorgen. Erwachen Sie aus Ihrem Dornröschenschlaf! Lernen Sie, den Alltag zu verzaubern und Ihr Leben in ein Märchen zu verwandeln.

Und denken Sie jetzt nicht, dafür müssten Sie reich sein. Natürlich geht vieles leichter, wenn man das nötige Kleingeld hat. Aber es geht um die kleinen Dinge im Leben und vor allem um Ihre Einstellung und Ihre Sichtweise. Machen Sie es besser als Schneewittchen und Co. Warten Sie nicht darauf, bis ein Prinz auf einem Schimmel angeritten kommt und Sie aus einem Turm befreit. Befreien Sie sich selbst. Ich helfe Ihnen dabei.

Der Ritterschlag

Wenn man an Wien denkt, dann denkt man meist auch an Kaiser Franz Joseph, die Kaiserin Sisi und die Familie Habsburg. Ich hätte mir jedoch niemals träumen lassen, dass ich einer Einladung – ausgesprochen von Mitgliedern der Familie Habsburg-Lothringen – Folge leisten würde, um mich auf Schloss Schönbrunn zum Ritter schlagen zu lassen. Aber genau so sollte es kommen.

Eines Tages klingelte das Telefon, ein Herr sprach mich an und sagte, er sei gut bekannt mit Herta Habsburg, Erzherzogin von Österreich, Prinzessin von Toskana und mit Sandor Habsburg Erzherzog von Österreich, Prinz von Toskana. Ihre kaiserlich-königlichen Hoheiten würde mich sehr gerne für meine Dienste an der Menschheit und meine völkerverbindenden friedensstiftenten Tätigkeiten mit dem Kaiser-Franz-Joseph-Orden auszeichnen und mich zum Ritter schlagen.

Das haute mich erst einmal um. Damit hatte ich nicht gerechnet. Es ging nicht einmal so sehr darum, dass ich zum Ritter geschlagen werden würde – ein ähnliches Angebot hatte ich ein paar Jahre vorher von einem anderen Ritterorden bereits erhalten und abgelehnt. Es ging darum, dass wieder einmal mein Wert und mein Schaffen aus dem Ausland wahrgenommen und honoriert wurden. Wie sagt man so schön: »Der Prophet gilt nichts im eigenen Land!« Offensichtlich ist da was dran.

Seit über dreißig Jahren engagierte ich mich bereits für Kinder in Not und für Tiere. Niemand hatte den Frauen bislang so viel Mut und Kraft gegeben wie ich. Von einer Würdigung meiner karitativen Arbeit brauchte ich gar nicht erst zu reden und von einer Auszeichnung wagte ich gar nicht erst zu träumen. In einem Moment wie jenem Moment dieses Anrufes stellt man sich dann schon berechtigterweise die Frage, wieso man im Ausland gewürdigt wird und in Deutschland nicht.

Im österreichischen Schönbrunn

Ich freue mich sehr über das Angebot und wir besprachen die Details. Der Ritterschlag sollte bereits in vier Wochen stattfinden. Normalerweise wurden immer mehrere Personen bei einer Investitur zum Ritter geschlagen. Für mich sollte einmalig und erstmalig eine eigene Feier in der Schlosskapelle auf Schloss Schönbrunn stattfinden.

Vier Wochen später befand ich mich im Flugzeug nach Wien. Dort angekommen, begab ich mich in mein Hotel, machte mich zurecht und hatte ein Dinner mit Freunden.

Nachdem ich am anderen Tag ein Frühstück auf dem Zimmer genossen hatte, schmiss ich mich in einen weißen, bodenlangen Sandmantel: Er war barock, hatte bestimmte Ärmel, Aufschläge, Taschen und einen Kragen und war ganz im Stil von Franz Joseph.

Vor dem Hotel wartete bereits eine Kutsche mit weißen Pferden auf mich. Alles war geradezu märchenhaft inszeniert. Als wir durch die Tore des Schlosses fuhren, sprangen Menschen auf Weg. Sie applaudierten und winkten mir zu. Als wir an der Schlosskapelle ankamen, warteten bereits ihre kaiserlichen und königlichen Hoheiten auf mich, um mich in Empfang zu nehmen. Die Kapelle war bereits mit Vertretern des Hochadels aus verschiedenen Ländern, mit Angehörigen des Militärs und mit Geistlichen gut gefüllt.

Es gab ein wundervolles Programm mit Operneinlagen und Ansprachen Ihrer kaiserlich-königlichen Hoheiten sowie von kirchlichen Würdenträgern. Zum Höhepunkt kniete ich vor dem Altar und wurde mit einem beeindruckenden Schwert zum Ritter geschlagen. Nach dem Gottesdienst begaben wir uns auf die Freitreppe des Schlosses zu einem Fototermin, woraufhin mir zu Ehren ein Dinner auf Schloss Schönbrunn gegeben werden sollte.

Ich fühlte mich in eine andere Zeit versetzt, denn es war in der Tat, als wäre man wieder am Hofe Kaisers Franz Joseph mit all seinem Glanz und Pomp.

Opernball

Neunzehnhundertachtundneunzig waren Dieter und ich zusammen mit Gina Lollobrigida als VIP-Gäste zum Frankfurter Opernball eingeladen. Mir war der Opernball nicht unbekannt, das erste Mal war ich bereits 1995 als VIP-Gast dort. Wir folgten einer Gegeneinladung des Veranstalters, welcher bei meiner Show 1997 in Stuttgart zu Gast war.

Seit Jahren zelebrierte ich großartige Haute Couture-Shows mit Weltstars wie Chaka Khan, Bo Derek, Grace Bumbry, Helmut Berger, Gina Lollobrigida, Zucchero und Amanda Lear. Bei einem nachfolgenden Dinner wurden wir also zu diesem Opernball eingeladen. Wir wurden im Sheraton Grand Hotel untergebracht und es gab am Abend zuvor ein Dinner für die anwesenden Gäste. Zu der beeindruckenden Gästeliste gehörten außer uns Bud Spencer, Dame Shirley Bassey, Engelbert Humberdinck, Catherine Deneuve, Gérard Depardieu und Helmut Berger.

Unser Auftritt war ein voller Erfolg. Gina und ich erschienen in indischer Garderobe und wirkten wie aus »Tausendundeine Nacht«. Wir waren die Lieblinge der Fotografen und tags darauf in allen Publikationen abgedruckt.

Nun aber wollte ich das Original kennenlernen: den Wiener Opernball. Der Wiener Opernball ist der gesellschaftliche Höhepunkt Wiens. Mit seinen bis zu 12.000 Besuchern ist er der größte Treffpunkt für Kulturschaffende, Unternehmer und Politiker. Ich reiste mit einem ganzen Hofstaat an. Neben Dieter Schroth waren auch Ihre königliche Hoheit Xenia Prinzessin von Sachsen Herzogin zu Sachsen, Seine königliche Hoheit Michael Prinz von Preußen, Ihre königliche Hoheit Brigitta Prinzessin von Preußen sowie Ihre Hoheit die Fürstin von Urach Gräfin von Württemberg dabei. Nachdem ich meine Gäste begrüßt hatte und diese sicher in ihren Gemächern untergebracht waren, begannen die Vorbereitungen. Wir frühstückten ausgiebig und köstlich, um uns für den Tag zu stärken. Dann kamen auch schon der Hairstylist und die Visagisten für mich und meine vier Bodyguards an. Während Xenia Prinzessin von Sachsen in stundenlanger Arbeit die aufwendige Zopffrisur à la Kaiserin Sisi verpasst bekam, wurde mein Gesicht über und über mit schwarzen und weißen Swarovski-Kristallen versehen. Ich sah ein bisschen nach dem Musical »Phantom der Oper« aus.

Nach stundenlanger Arbeit waren wir perfekt gestylt. Xenia Prinzessin von Sachsen wirkte in ihrer barocken Robe und mit ihrer Zopffrisur täuschend echt wie Kaiserin Sisi. Als wir die Suite verließen, schrie eine Dame im Flur vor Schreck auf: »Ja mei, die Siiiissssiiii.«

Extravagante Kostüme

Wir machten uns auf den Weg zum Hotel Sacher, in welchem wir vor der Oper dinierten. Das Wiener Hotel Sacher, das seit 1876 besteht, gehört unweigerlich zur Oper. Es ist wohl Tradition in Wien, dass die elegantesten Essen vor dem Opernball im Sacher eingenommen werden. Dort speist man mit Freunden oder Geschäftspartnern, bevor es dann in die Oper geht, die gegenüber liegt.

An jenem Abend sorgten wir für den wohl spektakulärsten Auftritt, den es in all den Jahren gegeben hat. In einer imperialen Inszenierung kam ich zum Opernball und stahl allen die Show. Mit einer von sechs weißen Pferden gezogenen Kutsche fuhren Xenia Prinzessin von Sachsen als Kaiserin Sisi und ich samt Bodyguards und persönlichen Lakaien vor die Staatsoper.

Dies bedurfte einiger Vorbereitung, denn der Polizeipräsident musste hierfür erst einmal eine Sondergenehmigung erteilen und die Straße sperren lassen. Wir fuhren am Hotel Sacher los. Die Bodyguards rannten neben der Kutsche her. Von den sechs Lakaien in Maria Theresia-Uniform saßen zwei auf Pferden, während vier auf der Kutsche standen und saßen. Ich hatte glaube ich in meinem ganzen Leben noch nie solch einen Presseauflauf gesehen. Wo man auch hinsah, standen Zaungäste mit Handys, welche »Harald, Harald!« skandierten und Fotografen, die nach mir riefen und mich ablichteten. Es war ein Blitzgewitter der Extraklasse. Ohne Sicherheitsbeamte und Polizei hätten wir kaum den Weg in die Oper gefunden. Xenia fühlte sich sichtlich wohl in der Rolle der Kaiserin Sisi. Sie waren beide sowohl im selben Maße traditionell und konservativ wie auch Rebellinnen. Beide hatten den Drang, aus Normen ausbrechen zu wollen und Grenzen zu überschreiten.

An der Oper angekommen, schafften wir es kaum, einen Fuß vor den anderen zu setzen und es dauerte eine gefühlte Ewigkeit, in der wir in einer wogenden Menge hin und hergeschoben wurden. Umkreist wurden wir von den vier Bodyguards, die einen Pulk um uns bildeten und ihr Bestes versuchten, um uns abzuschirmen. Dies wiederholte sich auch jedes Mal, wenn wir die Loge verließen, um zum Beispiel in der großen Loge Interviews für den ORF zu geben.

Danach besuchte ich den Wiener Opernball regelmäßig. Ich begegnete dabei wundervollen Menschen wie Heather Swank und Melanie Griffith. Priscilla Presley war wiederum ganz begeistert von meinen Ringen. Die Tanzfläche vor unserer Loge war oft den ganzen Abend von hunderten Fans belagert. Es waren viele faszinierende Abende und stets ein großartiges Erlebnis.

Schönheitsideale

Wenn wir unseren Körper wirklich so betrachten, wie er in Wirklichkeit ist, dann sehen wir tatsächlich, was schon der griechische Philosoph Heraklit sagte: »Unser Körper ist nicht etwa eine erstarrte Skulptur, sondern vielmehr vergleichbar mit einem Fluss.« Ein Fluss ist unergründlich. Er kann wild sein, aber auch sanft. In seinen Tiefen birgt er ungeahnte Geheimnisse. Wie auch wir. Wenn wir ihn betrachten, so sieht er zu verschiedenen Zeiten immer gleich aus, wobei er doch in Wirklichkeit immer anders ist. Heraklit spricht: »Man kann nicht zweimal in denselben Fluss steigen.«

So wie dem Fluss geht es auch unserem Körper. Er wird in jeder Sekunde unseres Daseins erneuert. Wir wechseln unseren Körper im Grunde schneller als unsere Kleider. Wenn man sich dieser Tatsache bewusst ist, fällt einem vieles leichter im Leben. Man erlangt ein anderes Verständnis. Das ist es, was wir brauchen. Verständnis für unseren Körper. Unser Körper ist das Haus unserer Seele. Und so wie ein Haus sollten wir auch unseren Körper hegen und pflegen.

Als wir im Sommer 2011 von Charlottenburg nach Berlin-Mitte umzogen, verspürte ich den dringenden Wunsch nach Veränderung. Das ganze Leben ist Veränderung. Es ist kein langsam fließender, gleichmäßiger Fluss. Es ist ein ständiges Auf und Ab. Alles ist in Bewegung, nichts bleibt, wie es ist. Nicht nur unsere Umwelt verändert sich unentwegt, auch wir erneuern uns ständig. Mit sechsundvierzig Jahren war ich an einem Punkt angelangt, an dem ich gravierende Veränderungen an meinem Körper wahrgenommen habe.

Obgleich ich mich sehr pflegte, meinen Körper gut behandelte, gesund und bewusst aß und viel Sport trieb, geriet mein Körper etwas aus der Form. Es war ein schleichender, langsamer Prozess, den ich lange vor der Öffentlichkeit kaschierte.

Aber eines Tages ging es dann einfach nicht mehr: Meine Jacketts passten nur noch dank meiner figurformenden Unterwäsche, enge Shirts konnte ich nicht mehr tragen. Ich stand eines Tages vor dem Spiegel und meine Seele sagte: »Stopp! Das ist nicht mehr der Körper, in dem ich leben möchte.« Ich bin jemand, der Dinge nicht einfach so hinnimmt. Ich bin ein Kämpfer. Und ich war bereit, Opfer zu bringen. Dass sich der Körper mit den Jahren verändert, ist keine Frage. Aber deshalb muss man sich dieser Tatsache trotzdem nicht beugen. Ich war wieder einmal bereit für eine Erneuerung. Die Seele und der Körper sollen eins sein. Aber sie waren es nicht mehr.

In solchen Situationen des Lebens gibt es immer zwei Möglichkeiten. Einmal kann man die Situation akzeptieren und resignieren. Man kann aber auch etwas unternehmen. Und etwas zu unternehmen war in meinem Fall eine unbedingte Notwendigkeit. Als ich beobachtet habe, wie meine Mutter innerhalb eines Jahres um gefühlte 80 Jahre alterte, habe ich mir im Alter von 13 Jahren geschworen, dass ich solch einen körperlichen Verfall bei mir nicht hinnehmen werde.

Auch an seinem Körper kann man arbeiten

Also habe ich beschlossen, zum Angriff überzugehen. Ich konsultierte Dr. Gerhard Sattler aus der Rosenparkklinik in Darmstadt, eine Koryphäe in Sachen Liposuktion. Er bestätigte mir, was ich schon wusste. Ab vierzig verlangsamt sich der Stoffwechsel. Männer produzieren oft weniger Testosteron, dafür nehmen die Östrogene zu. Saugt man dadurch gebildete Fettzellen ab, sind sie für alle Zeit beseitigt und kommen an dieser Stelle nicht mehr nach.

Für mich war es wie ein neues Leben. Direkt nach der Operation fühlte ich mich schon wie ein völlig neuer Mensch. Ich hatte auf der Stelle sechzehn Zentimeter weniger Taillenumfang. Ich fühlte mich wie neugeboren. Ganz nebenbei ließ ich mir dann auch noch die Oberlider liften. Doch damit nicht genug. Wenige Kilometer von der Rosenparkklinik entfernt befindet sich eine der modernsten Zahnkliniken der Welt. Meine Zähne sollten als Nächstes drankommen. Obwohl ich diese immer gut pflegte, entsprachen sie nicht mehr dem Schönheitsideal, das ich hatte.

Ja, ich gebe es zu, ich stehe auf weiße Zähne, die wie luxuriöse Perlen aneinandergereiht sind. Genau solche wollte ich haben. Natürlich hatte ich fürchterlichen Respekt vor der Operation, die immerhin fünf Stunden dauerte. Aber ich wusste mich in besten Händen. Meine größte Angst war allerdings, nicht mehr aus der Narkose aufzuwachen. Doch diese Bedenken schaffte der Narkosearzt gekonnt beiseite. Ich war geradezu überwältigt über das fantastische Resultat. Auch hier war es erneut der menschliche Aspekt, der mich überzeugte, die Operation dort zu machen. Sowohl Herr Dr. Andreas Jung als auch seine Frau Nadja haben sich sensationell um mich gekümmert. Wir wurden Freunde.

Danach wurden Schönheitseingriffe bei mir mehr und mehr zur Routine. Ich ließ mehrere nichtinvasive Liftings via Ultherapie – Behandlungen mit Laser – bei Dr. Jasmin Last sowie Fadenliftings und diverse Povergrößerungen bei Dr. Selma Uygun vornehmen. Meine Lippen werden seit 25 Jahren regelmäßig via Filler bei Dr. Maximilian Klag und diversen anderen Ärzten in Form gebracht. Wangen und Jawline lasse ich seit Jahren regelmäßig bei Medical Three optimieren.

Ab einem bestimmten Zeitpunkt stellte ich fest, dass sich die Brust nur noch bedingt durch Sport formen lässt. Als in mir aber der Wunsch nach einer prallen, jugendlichen Männerbrust aufkam, beschloss ich, auch in dieser Hinsicht etwas zu unternehmen. Ich begab mich in die Hände der Koryphäe Prof. Dr. Dr. med. N. Pallua von der Pallua Clinic und erklärte ihm mein Anliegen.

Er riet mir, ich solle die Brust erst mithilfe von Fett aufpolstern, um dann mit den Implantaten ein gutes Ergebnis erzielen zu können. Also musste ich mir erst einmal ein paar Kilo Fett an Hüften und Taille anfuttern, das dann zu gegebenem Zeitpunkt in der Klinik in Düsseldorf wieder abgesaugt werden sollte, um die Brust zu formen.

Nachdem das Fett abgesaugt und die Brust geformt war, war das Ergebnis dann so fantastisch, dass wir beschlossen, auf den Einsatz von Implantaten zu verzichten. Diese Entscheidung war auch der Tatsache geschuldet, dass sich Implantate gerne verkapseln und dann Probleme verursachen. Daraufhin unterzog ich mich in Dortmund noch einer Haartransplantation bei Hairmedic.

Auf die immerwährende Frage, wie viele Schönheitsoperationen ich bereits hinter mich gebracht habe und was diese gekostet hätten, kann ich nur noch lächeln. Ich merke mir ja auch nicht, wie oft ich zum Friseur gehe.

Ich wundere mich immer wieder, dass Schönheitskorrekturen heute noch immer derartige Reaktionen hervorrufen können. Schon in alten Hochkulturen wie in Indien und Ägypten, wo Schönheit und Körperpflege einen weitaus größeren Raum im täglichen Leben einnahm als zu unserer heutigen Zeit, gab es die ersten Schönheitsoperationen. Wie man an mehr als 3.000 Jahre alten ägyptischen Mumien entdecken kann, gab es damals bereits angenähte Ohren. In seinem umfangreichen Operationskatalog listet der indische Chirurg Sushruta, der vermutlich im frühen 6. Jahrhundert vor Christus lebte, eine Art der Hauttransplantation auf und beschrieb zudem Nasenkorrekturen. Angeblich soll Sushruta Stirnhaut benutzt haben, um Nasen zu rekonstruieren. Die Inder galten grundsätzlich schon lange als die besten Nasenoperateure schlechthin, selbst im 18. Jahrhundert reisten britische Chirurgen noch nach Indien, um sich dort weiterzubilden.

Die Körperpflege in Ägypten schloss auch immer dekorative Kosmetik ein. Kajal, Lidschatten, Rouge und Lippenstift waren im alten Ägypten von größter Bedeutung. Und das war nicht nur bei Frauen der Fall: Körperpflege und Kosmetik war immer eine Angelegenheit beider Geschlechter. Auch Männer trugen selbstverständlich regelmäßig Make-up, oftmals sogar noch intensiver als ihre Frauen. Außerdem hatte das Schminken wohl auch hygienische und medizinische Gründe und diente unter anderem zum Schutz vor Insekten, Sandreiz und allzu hellen Sonnenstrahlen. Die Schönheit der Königin Kleopatra war legendär.

Eines Tages betrat ich nichtsahnend in St. Moritz den Fahrstuhl und dachte plötzlich, ich sei in einem Monumentalfilm. Vor mir stand nämlich Cher mit einem wundervollen Outfit und mit einem Kopfputz und vollendetem Kleopatra-Make-up. Sie wirkte wie eine echte Pharaonin, war dabei allerdings von bezaubernder Freundlichkeit, die auch aus ihren Augen strahlte. Es war eine wundervolle Begegnung mit einem großartigen Menschen.

Das Beste aus sich und dem Leben herausholen

Sehen Sie, das Leben bedeutet Veränderung und nicht Stillstand und die Jahre vergehen, ob Sie nun wollen oder nicht, ob Sie diese auskosten oder nicht.

Stürzen Sie sich hinein ins pralle Leben und genießen Sie alles, was Sie genießen können, denn das Leben ist mitunter auch wie ein Schlaraffenland. Viele von Ihnen kennen sicher das Märchen von Aladin und der Wunderlampe. Aladin ist ein junger Mann, der von einem Zauberer beauftragt wird, eine Öllampe in einer magischen Höhle zu finden. Nachdem der Zauberer ihn zu betrügen versucht, behält Aladin die Lampe für sich. Er entdeckt, dass in der Lampe ein Geist steckt, der die Wünsche des Lampenbesitzers erfüllen muss, wann immer man ihn ruft. Mit Unterstützung des hilfreichen Geistes wird Aladin reich und mächtig und heiratet die schöne Tochter des Sultans.

An dieses Märchen erinnerte ich mich, als ich das erste Mal in Istanbul, dem ehemaligen Konstantinopel, war. Eines der imposantesten Bauten dieser Zeit ist der Topkapi-Palast, der nicht nur aus einem einzelnen, sondern entsprechend der türkischen Tradition aus mehreren Gebäuden und einem großen Garten besteht. Wenn man aus dem Palast kommt, begegnet man dem pulsierenden Leben Istanbuls. Da sind die Händler und die Teppichverkäufer, die geschickt versuchen, Touristen zum Kauf eines ihrer Produkte zu bewegen. Verschiedene Gewürzdüfte wie Zimt und Koriander liegen in der Luft. Es gibt zahlreiche Stände und Märkte mit Gefäßen aus Kupfer und Messing, Kalligrafien und prachtvollen Gold- und Silberschmuck. Ich residierte im feudalen Hotel Kempinski Ciragan Palace, einem ehemaligen Sultanspalast.

Die Stadt faszinierte mich von Anfang an. Ost und West prallen hier aufeinander und zwischen Jung und Alt herrscht Harmonie. Das belebt die Stadt und gefällt mir sehr gut. Istanbul ist eine Diva.

Meine Großmutter umgab sich gerne mit jungen Menschen und sagte: »Die Alten sind mir zu langweilig! Die haben alle kein Interesse mehr. Die reden nur von Krankheit und Sterben. Ich will Jugend spüren und fühle mich jung.« Deshalb bevorzugte sie junge Menschen in ihrem Umfeld. Sie war es, die mir beibrachte, dass alles im Leben möglich ist, dass das Leben so ist, wie wir es sehen, dass wir das bekommen, was wir anziehen – durch unser Denken und unsere Gedanken.

Resümee

Søren Aabye Kierkegaard (1813–1855) war ein dänischer Philosoph, Essayist, Theologe und Schriftsteller. Er prägte den Spruch: »Verstehen kann man das Leben oft nur rückwärts, doch leben muss man es vorwärts.« Das kann ich nur bestätigen. Ich habe meine eigene Vorstellung über unser Dasein und bin der festen Überzeugung, dass alles im Kosmos einer festen Ordnung unterliegt. Wie könnte etwas so Gigantisches wie das Universum reibungslos funktionieren, wenn nicht alles seinen festen und ihm zugeordneten Platz hätte?

Stellen sie sich mal vor, was wäre, wenn jeder Planet, jeder Stern machen würde, was ihm einfach gerade so in den Kopf kommt, wenn die Sonne plötzlich sagen würde: »Heute fühle ich mich nicht gut, heute scheine ich nicht.« Stellen Sie sich vor, was wäre, wenn die Sterne nicht in ihrer vorhergesehenen Umlaufbahn blieben – dann hätten wir ein riesiges Chaos und einen Zusammenprall nach dem anderen. Als Kind lehrte man mir, dass Ordnung das halbe Leben ist. Ordnung ist essenziell. Ordnung ist unabdingbar.

Dazu muss man allerdings erst einmal konstatieren, was Ordnung eigentlich bedeutet. Ordnung beinhaltet Disziplin, die wiederum dafür sorgt, dass man sein Leben geregelt führt. Ordnung fängt im Kleinen an, indem man seine Socken nicht einfach wahlweise in die Ecke wirft, sondern schön sortiert.

Ordnung bedeutet auch, einen Waschraum so zu hinterlassen, wie man ihn selbst vorfinden möchte. Ordnung meint zudem, die eigene Wohnstätte und sich selbst sauber zu halten. Der Begriff »Kosmos« stammt übrigens aus dem Griechischen und bedeutet »Ordnung«. Die Gesetze, die diese Ordnung regeln, werden universelle Gesetze, hermetische Gesetze oder geistige Gesetze genannt.

Die Realität ist beeinflussbar

Die geisteigen Gesetze haben für die wesentliche Erkenntnis gesorgt, dass wir für die Umstände, die um uns herum herrschen, selbstverantwortlich sind. Eine enorme Macht liegt also in den geistigen Gesetzen, denn diese bedeuten auch, dass wir die Umstände, in denen wir uns befinden, selbstbewusst gestalten können. Jeder, der versteht, wie Realität funktioniert, kann sie auch verändern.

Man kann das Leben als Spiel auffassen, dessen Regeln die geistigen Gesetze sind. Und um das Spiel erfolgreich spielen zu können, ist es notwendig, die Spielregeln zu verstehen. Die Verursacher unserer Probleme sind wir selbst. Niemand ist für unser Schicksal verantwortlich, nur wir selbst. Keine Energie hat einen größeren Einfluss auf unser Leben als unser Geist und unser Bewusstsein.

Meine Großmutter pflegte stets zu sagen: »Was du nicht willst, dass man dir tut, das füge auch keinem anderen zu.« In diesem Satz steckt viel Weisheit. Wenn man jung ist, beschäftigt man sich mit all diesen Angelegenheiten allerdings nicht besonders intensiv. Wieso sollte man auch? Die Jugend hat das Recht, sich wie eine Raupe zu entfalten, die schließlich zu einem Schmetterling wird. Die Jugend hat das Recht, zu leben und zu erleben. Die Jugend soll eintauchen in das Leben, um so viel Erfahrung wie möglich zu sammeln. Irgendwann muss aber der Moment kommen, in dem man nachzudenken und zu reflektieren beginnt. Dann muss das Erlebte geordnet, eingeordnet und zugeordnet werden, damit man daraus seine eigenen Schlüsse ziehen kann, um einen Lebensplan zu erarbeiten.

Leben und leben lassen

Wir sind lebende Götter oder Engel, die in dieses Leben inkarniert haben, aber uns wurden die Flügel gestutzt. Von der Dimension her muss man sich unsere Seele als so unfassbar groß vorstellen, als wenn man bei unserer Geburt einen Elefanten in den Körper einer Maus gepresst hätte. Es ist kein Wunder, wenn wir uns mitunter unwohl in unserem eigenen Körper fühlen.

Wir alle sind aus einem unterschiedlichen Grund hier und gestalten unser Leben nach anderen Präferenzen. Nicht jeder hat das Bestreben, in diesem Leben eine hochgeistige Entwicklung durchzumachen. Manch einer möchte in diesem Leben nur ausruhen oder dumpfe Erfahrungen sammeln. Aus diesem Grund sollten wir sehr vorsichtig sein im Beurteilen und Verurteilen anderer Menschen. Wie andere Menschen ihr Leben gestalten, geht uns nichts an. Wir haben ausschließlich für unser Leben Verantwortung zu tragen. Hingegen sollten wir uns darum kümmern, anderen Menschen Gutes zu tun, sie liebevoll zu umarmen und sie so zu akzeptieren, wie sie sind .

Wir sollten uns dessen bewusst sein, dass sich hinter der Fassade unseres Gegenübers stets eine ebenso große und großartige Seele wie die unsrige verbirgt. Das Leben muss immer vorwärts gelebt werden, kann aber nur von rückwärts verstanden werden. Das Rückwärts kann allerdings eine sehr schmerzhafte Prozedur und richtige Rosskur sein.

Was zählt, ist die Gegenwart

Ich gehöre nicht zu den Menschen, die etwas auf halber Strecke beenden. Deshalb habe ich mit 58 Jahren beschlossen, mich nicht wie viele meiner Mitmenschen auf den Ruhestand vorzubereiten, sondern jetzt erst richtig durchzustarten. Den Kelch des Lebens möchte ich bis zum letzten Tropfen auskosten. Im Nachhinein betrachtet hätte ich sicherlich so manches anders machen können. Wenn Sie mich aber fragen, ob ich mein Leben anders leben würde, wenn ich noch einmal 18 wäre, dann würde ich Ihre Frage verneinen. Es ist ein absoluter Nonsens und Irrsinn, überhaupt auch nur darüber nachzudenken, wie man sein Leben hätte leben können.

Was vergangen ist, das ist vergangen und nicht mehr existent. Die Vergangenheit hat sich der Tod bereits geholt, während die Zukunft noch nicht existent ist. Weil die Zukunft noch nicht existent ist, bleibt uns nur die Gegenwart. Allerdings ist die fehlende Gegenwärtigkeit der Menschen ein Drama unserer Zeit. Viele sind nicht mehr in der Lage, aufmerksam zu sein und anderen zuzuhören.

Meditation ist unabdingbar, um zu sich selbst und zu seiner inneren Mitte zu finden. Nur so kann man sich die Fragen stellen: »Wer bin ich? Wo bin ich? Wer und was möchte ich gerne sein?« Das Drehbuch zu unserem Lebens muss jeden Tag überarbeitet und angepasst werden. Wer kein Ziel hat, treibt hilflos durch das Leben wie eine winzige Nussschale auf weitem Meer. Ohne Ziel befindet man sich in einem Hamsterrad und kommt nicht vorwärts. Aus diesem Grund ist es essenziell zu wissen, was man will, wohin man will und wann im Leben man das

Gewünschte erreichen will. Auf dem Weg zum Ziel sollte man jedoch so wenig Schaden und so wenige Scherben wie möglich hinterlassen.

Der Schaden, den man verursacht, kommt für gewöhnlich wie ein Bumerang zurück, und zwar meist in den Momenten, in denen man nicht damit rechnet und sich in Sicherheit wähnt. Dann bekommt man den Bumerang mit aller Wucht zwischen die Beine geworfen.

Das Leben als kostbares Geschenk begreifen

Es geht nicht darum, ein gottgefälliges Leben zu führen, denn Gott ist es gleich, wie wir leben. Dieses Leben und die damit verbundene Möglichkeit, Erfahrungen zu sammeln, ist Gottes Geschenk an uns. Was wir mit dem Leben machen, wie wir es nutzen oder nicht nutzen, obliegt nur uns. In dem Moment, in dem man etwas verschenkt, lässt man es los. Wenn Sie jemandem ein Geschenk machen, kann er damit machen, was er möchte.

Der Glaube an Gott und an eine höhere Macht ist für mich sehr wichtig im Leben. Der Glaube gibt mir Halt und stellt das Seil dar, mit dem ich mich durch das Leben hangele. Ohne Glauben wäre ich hilflos und manipulierbar. Wenn ich in meinem Leben Fragen, Sorgen und Probleme habe, kann ich mich jederzeit an Gott, den Kosmos, an die Engel, an einen Propheten wenden. Meine Antworten erhalte ich in der Meditation im Gebet. Das Gebet ist unsere Verbindung zu allem, was ist.

Fabel 2

Nachdem der Prinz mit seinem kleinen Hund Billy King die ganze Welt bereist hatte, fand er sich in seinem luxuriösen Palast über den Dächern von Berlin wieder. Dort, umgeben von opulentem Glanz, ließ er seinen Gedanken freien Lauf. Dabei ging es ihm jedoch nicht um das bereits Gelebte und Erlebte, sondern vielmehr um das, was noch vor ihm lag.

Man könnte meinen, nach einem derart reichen Leben an Erfahrungen und Erlebnissen würde er sich zufrieden in einen großen Sessel sinken lassen und das Leben genießen. Doch Prinz Pompöös war keineswegs darauf bedacht, sich zur Ruhe zu setzen oder mit dem, was war, zufriedenzugeben. Nein, sein Geist war vielmehr darauf ausgerichtet, herauszufinden, welche neuen Orte er erkunden könnte. Was könnte er noch an Neuem designen oder entwerfen? Vor allem war seine Mission noch lange nicht erfüllt.

Seine selbst erwählte Berufung, alle Frauen zu Prinzessinnen zu machen und die Welt schöner und besser zu gestalten, war noch längst nicht abgeschlossen. Im Gegenteil, alles, was bis dato geschehen war, glich lediglich einer Ouvertüre. Die eigentliche Oper sollte erst jetzt beginnen. Das Leben, so erkannte er, gleicht einer Schule: Jeder Tag bringt neue Lektionen mit sich, doch sie sind nur von Nutzen, wenn man sie auch anwendet. Jeder Tag ist ein Geschenk, gefüllt mit wundervollen Momenten. Wenn man seine Träume lebt, hört der Himmel nie auf, seine grenzenlosen Möglichkeiten zu offenbaren.

Prinz Pompöös hatte noch so viel vor. Dort, wo andere aufhörten, startete er erst richtig durch. Sein Ziel war es, die Welt nicht nur schöner, sondern auch bedeutungsvoller zu machen. Denn Pompöös ist mehr als nur eine Marke oder ein Label – es ist ein Lebensgefühl, eine Weltanschauung, ein kompletter Lifestyle. Pompöös ist auch die Suche nach dem Selbst und der unaufhörliche Antrieb, das Leben in all seiner Pracht zu gestalten.

Es wird immer wieder Tage geben, an denen alles dunkel scheint. Aber auch eine Muschel, die im Schlamm gebettet ist, bringt hin und wieder eine wundervolle, kostbare, strahlende weiße Perle hervor. Wie Perlen im Dunkeln heranreifen und dann ihre strahlende Schönheit hervorbringen, wenn sie ans Licht gelangen, so ergeht es auch dem Menschen. Das ganze Leben ist ein Streben nach dem Licht, heraus aus der Dunkelheit.

Ich möchte Menschen sichtbar machen, ihre Schönheit erstrahlen lassen und ihnen Mut machen, sich aus dem Morast des Lebens zu befreien. Es sind oft oder vielleicht sogar meist die Kleinigkeiten, die den Unterschied im Leben ausmachen. Wenn man nur darüber nachdenkt, dass im Streben und im Sterben die gleichen Buchstaben zur Verwendung kommen, nur in einer anderen Kombination, so erkennen wir auch, dass alles möglich ist. Denn solange wir streben, sterben wir nicht.

Ich wünsche Ihnen ein gesegnetes Leben und mögen alle Ihre Wünsche in Erfüllung gehen.